CHANGEMENS

FAITS

A L'ORDONNANCE PROVISOIRE

Concernant les Manœuvres des Troupes à Cheval.

FORMATION

ET ÉCOLE DE L'ESCADRON.

Formation.

TITRE PREMIER.

De la Formation du Régiment en Bataille.

QUELLE que soit la place d'une brigade dans l'ordre de bataille, le plus ancien des deux régimens dont elle sera formée, occupera la droite, & le moins ancien se placera à la gauche.

Les escadrons d'un même régiment seront désignés par les noms de *premier*, *second*, *troisième*, &c. en commençant par la droite.

Cet ordre des régimens dans la brigade, & des escadrons dans les régimens, sera l'ordre primitif & habituel.

Les deux compagnies qui composent chaque escadron formeront chacune une division, & ces divisions seront

A

désignées par les noms de *première*, pour celle de la droite, & de *seconde*, pour celle de la gauche.

Chaque division sera partagée en deux pelotons, appelés *premier* & *second* dans la division de droite ; & *troisième* & *quatrième* dans la division de gauche.

L'ordre des escadrons dans les régimens, & des divisions dans les escadrons, une fois établi, ne variera jamais, quelle que soit l'ancienneté des Chefs d'escadron & des Capitaines qui les commanderont.

Chaque peloton sera partagé en deux sections ; celle de la droite s'appellera la *première*, celle de la gauche la *seconde*.

La formation à pied comme à cheval, sera toujours sur deux rangs ; la place des Cavaliers dans les rangs, sera réglée dans chaque division, tous les ans au 1.er Mai, de la manière suivante :

On choisira les Cavaliers les plus intelligens, les mieux à cheval & les plus grands, pour composer le premier rang, & ces Cavaliers seront montés sur les chevaux les plus élevés & les plus sages.

On répartira les Cavaliers montés, de manière que le rang de taille, dans les deux rangs, soit observé de la droite à la gauche dans la première division de chaque escadron, & de la gauche à la droite dans la seconde.

Les Brigadiers de chaque division seront de même répartis par rang de taille, & placés dans le premier rang, à la droite & à la gauche des pelotons.

Les Appointés de chaque division seront de même répartis par rang de taille, & placés dans le second rang, à la droite & à la gauche des pelotons.

On observera de mettre sur les ailes des pelotons, les chevaux les plus froids & les plus formés aux manœuvres.

La formation prescrite ci-dessus pour les rangs à cheval, sera la même à pied, excepté les seuls cas de parade, pour lesquels il y aura un rang de taille.

Les contrôles de l'ordre de bataille seront dressés en

conséquence toutes les années au 1.er Mai : les changemens indispensables qui arriveront dans le courant de l'année, n'auront jamais lieu que dans l'intérieur du peloton, & pour remplacer les hommes & les chevaux qui viendront à y manquer.

La distance d'un rang à l'autre sera d'un pas ou de deux pieds, comptés de la tête des chevaux du second rang, à la croupe des chevaux du premier.

Lorsque l'escadron devra exercer, il sera habituellement de quarante-huit files, par conséquent chaque division sera composée de vingt-quatre files, & chaque peloton de douze files.

Les Cavaliers de chaque division qui excéderont le nombre des files fixé ci-dessus pour l'escadron, formeront une troupe de réserve, qui sera placée à trente pas en arrière & vis-à-vis l'intervalle de la droite de l'escadron.

On choisira pour composer cette troupe, les Cavaliers les plus lestes & les chevaux les plus légers & les moins élevés.

Place des Officiers & bas Officiers dans chaque Escadron.

Le Chef d'escadron n'aura point de place fixe : lorsqu'il devra ou voudra se mettre à la tête de son escadron, il se placera *un pas* en avant des Brigadiers du centre de l'escadron.

Les autres Officiers de l'escadron seront placés ainsi qu'il suit :

Le Capitaine de la première division en avant du premier peloton, la croupe de son cheval à *un pas* du premier rang.

Le Capitaine de la seconde division en avant du centre du troisième peloton, la croupe de son cheval à *un pas* du premier rang.

Le Capitaine de remplacement en serre-file, la tête de son cheval à *trois pas* derrière le centre de l'escadron.

Le Lieutenant de la première division en avant du centre du second peloton, la croupe de son cheval à *un pas* du premier rang.

Le plus ancien Lieutenant de la seconde division en avant du centre du quatrième peloton, la croupe de son cheval à *un pas* du premier rang : le moins ancien Lieutenant en serre-file à *un pas* en arrière du centre de cette division.

Lorsqu'il y aura une Troupe de réserve, elle sera commandée par l'Officier que le Commandant du régiment jugera à propos de désigner.

Le Sous-lieutenant de la première division en serre-file, à *un pas* en arrière du centre du second peloton.

Le Sous-lieutenant de la seconde division en serre-file, à *un pas* en arrière du centre du troisième peloton.

Le Sous-lieutenant de remplacement en serre-file, à *un pas* en arrière du centre de la seconde division.

Le Porte-étendard au premier rang à l'avant-dernière file de gauche de la première division de l'escadron, & faisant nombre dans le peloton.

Le Quartier-maître à la droite du régiment, à hauteur du premier rang au premier escadron, ayant un des deux Adjudans à sa gauche.

Un des Maréchaux-des-logis de la première division à la droite du premier rang de l'escadron.

L'autre Maréchal-des-logis de la même division en serre-file, *à un pas* en arrière du centre du premier peloton.

Un des Maréchaux-des-logis de la seconde division à la gauche du premier rang de l'escadron.

L'autre Maréchal-des-logis de la même division en serre-file, à *un pas* en arrière du centre du quatrième peloton.

Les Maréchaux-des-logis en chef seront placés en serre-file à la Troupe de réserve de leur escadron, ou pourront être employés, ainsi que le Commandant du

régiment

(5)

régiment le jugera à propos, soit qu'il y ait une Troupe de réserve, soit qu'il n'y en ait pas.

Les deux Trompettes à la droite de l'escadron sur l'alignement des serre-files.

Lorsque le Commandant du régiment le jugera à propos, tous les Trompettes seront réunis sur deux rangs à la droite du premier escadron sur l'alignement des serre-files.

En cas d'absence du Chef d'escadron, il sera remplacé par le Capitaine le plus ancien de l'escadron : celui-ci par le Capitaine de remplacement, sinon par le Lieutenant de sa division, & ainsi de suite de grade en grade dans chaque division. Il en sera de même en cas d'absence des Lieutenans; mais les Sous-lieutenans & les Maréchaux-des-logis ne seront remplacés en serre-files, que lorsque le Commandant du régiment le jugera nécessaire.

Lorsqu'un des Porte-étendards sera absent, il sera remplacé par un des Maréchaux-des-logis de l'escadron où il manquera.

Place des Officiers supérieurs.

Le Colonel en avant du centre du régiment, à *douze pas* du premier rang, ayant à sa gauche le Major en second, & derrière lui un Adjudant & un Trompette.

Le Lieutenant-colonel en avant de l'intervalle du premier au second escadron, à *douze pas* du premier rang.

Le Major sur l'alignement du Lieutenant-colonel, en avant de l'intervalle qui sépare les deux derniers escadrons du régiment.

Le Colonel se portera par-tout où sa présence sera nécessaire, & particulièrement pour commander. Il aura attention de se tenir à une assez grande distance pour être bien entendu de tous les escadrons de son régiment.

Le Major en second se portera par-tout où le Colonel jugera à propos de l'employer.

B

Le Lieutenant-colonel & le Major se porteront dans l'étendue du front du régiment & dans la direction des mouvemens, par-tout où la surveillance de la manœuvre l'exigera.

L'intervalle ordinaire entre les escadrons sera de *neuf pas*, comptés depuis le Brigadier de l'aile gauche d'un escadron, jusqu'au Brigadier de l'aile droite de l'escadron qui est à sa gauche. L'intervalle sera le même d'un régiment à l'autre : il ne sera augmenté que dans le cas où on voudroit occuper une plus grande étendue de terrain ; le Commandant en chef le déterminera alors d'après l'objet qu'il se propose de remplir.

TITRE III.

École de l'Escadron à cheval.

ARTICLE PREMIER.

Des Allures.

LES Cavaliers & les chevaux étant suffisamment dressés pour qu'on puisse les réunir en escadrons, on les exercera aux changemens d'allures pour en régler la vîtesse & en assurer l'égalité.

A cet effet, on commencera par faire exécuter diverses marches militaires, ainsi qu'il va être dit ci-après.

Elles auront pour objet d'accoutumer les chevaux à marcher dans le rang sans ardeur, & à changer d'allure sans à-coup.

Première Marche militaire.

On marchera d'abord *par quatre ;* les Cavaliers se relâcheront du bas du corps, & n'exigeront rien de leurs chevaux. On n'obligera point les Cavaliers d'être exactement alignés ni rapprochés botte à botte, cette première leçon n'ayant pour objet que de calmer les chevaux.

Les Cavaliers conduiront leurs chevaux, sans y employer de force, & en évitant de les rechercher & de les étonner. Le conducteur ou guide d'une troupe lui imprimant toujours son mouvement, celui-ci ne prendra ou ne changera jamais d'allure qu'avec modération.

La colonne ayant marché par quatre au pas, pendant un quart-d'heure, on commandera, *garde à vous, au trot,* MARCHE. Les Cavaliers continueront à ne rien exiger de leurs chevaux & à rendre la main à ceux qui s'animent.

Quand la colonne aura parcouru environ cinq cents toises au trot, on commandera, *garde à vous, au pas,* MARCHE : ayant marché ainsi quelque temps, on reprendra l'allure du trot, & après avoir parcouru encore environ cinq cents toises, on fera passer au pas. On formera ensuite les pelotons, d'après les principes & par les commandemens établis dans l'*École du Cavalier.* Les pelotons étant formés, on fera *halte* pour laisser reposer les chevaux.

Si le Commandant juge à propos, au lieu de former les pelotons, de mettre la Troupe en bataille, il se conformera à ce qui suit :

La colonne marchant par quatre, la droite en tête, la former, en avant, à gauche, ou fur la droite en bataille.

On commandera :

Garde à vous.

1.

En avant, à gauche, ou fur la droite en bataille.

2.

M A R C H E.

Si c'est en avant en bataille, au second commandement, les quatre premières files marcheront *quinze pas* en avant, & feront *halte :* toutes les autres files du premier peloton viendront successivement se former par le mouvement d'oblique à gauche sur l'alignement des premières : les trois autres pelotons prendront une direction particulière, pour venir se former à la gauche du premier, par les mêmes mouvemens qu'il a employés.

Si c'est à gauche en bataille, au second commandement les quatres premières files feront une conversion à gauche, marcheront *quinze pas* en avant, & feront *halte :* toutes les autres files exécuteront le même mouvement pour se former successivement à la gauche des premières. Si c'est sur la droite en bataille, au second commandement, les Chefs de peloton commanderont, *guide à droite :* les quatre premières files feront une conversion à droite, se porteront *quinze pas* en avant & feront *halte :* toutes les autres files feront successivement les mêmes mouvemens pour se placer à la gauche les unes des autres.

Observations.

Les premières files de chaque peloton exécuteront ce qui vient d'être prescrit au commandement du Chef de leur peloton. Si la colonne avoit la gauche en tête, on exécuteroit les mêmes mouvemens en sens contraire & d'après les mêmes principes.

On n'exigera pas une exactitude parfaite dans ces mouvemens qui n'ont pour objet que de mettre la troupe en bataille avant de la faire reposer.

Après le repos, on rompra par quatre, & l'on exécutera, en revenant au quartier, les mêmes changemens d'allure détaillés précédemment.

Alors les Cavaliers commenceront à se rapprocher botte à botte sans rien demander à leurs chevaux.

On marchera au pas au moins pendant un quartd'heure avant d'arriver au quartier. Les Cavaliers rendront

alors

alors entièrement la main à leurs chevaux, afin de les calmer avant de les rentrer à l'écurie.

Dans cette première marche militaire, ainsi que dans toutes les colonnes de route, les Officiers & les bas Officiers marcheront à la tête des pelotons ou en serre-file, de la même manière dont ils doivent être placés lorsque les pelotons sont formés, excepté qu'en marchant la droite en tête, le Maréchal-des-logis de l'aile droite de l'escadron passera à la droite du Capitaine de sa division, & qu'en marchant la gauche en tête, le Maréchal-des-logis de l'aile gauche de l'escadron passera à la gauche du Lieutenant de sa division. Les Sous-lieutenans & Maréchaux-des-logis de serre-file marcheront à côté du Commandant du peloton qui suit le leur dans la colonne.

Si cependant le Chef d'escadron juge plus utile, pour maintenir l'ordre dans la colonne, de faire marcher les Officiers & bas Officiers sur le flanc, il en donnera l'ordre.

Seconde Marche militaire.

La seconde marche militaire se fera dans le même ordre avec la même progression, & d'après les mêmes principes que la première : mais les Cavaliers marcheront avec plus d'exactitude & d'ensemble, & pour cela, ils pourront exiger davantage de leurs chevaux, excepté pendant le dernier quart-d'heure, la marche devant toujours finir au pas de route & à files aisées.

Cette seconde marche s'exécutera successivement par quatre & par pelotons.

Troisième Marche militaire.

Dans cette troisième marche on fera, dès que le terrain le permettra, former successivement les pelotons sans arrêter la colonne. On passera ensuite fréquemment du pas au trot, & du trot au pas, en observant que les

C

changemens d'allure s'exécutent toujours avec ensemble & précision.

> *Nota.* Pendant la durée de ces marches militaires, on fera passer plusieurs fois les Cavaliers, du repos à l'attention, par les commandemens, *GARDE À VOUS* & *REPOS.*

Régler la vitesse des Allures.

Si les Marches militaires prescrites ci-dessus, ont mis dans les allures assez d'ensemble & de précision, on commencera à s'occuper d'en régler la vitesse, & pour cela, on fera mesurer sur le chemin qu'on devra tenir, deux longueurs de cent cinquante toises chacune, afin de les parcourir alternativement au pas & au trot.

La vitesse de ces deux allures sera réglée de manière à faire de cinquante à cinquante - cinq toises par minute au pas, & de cent à cent dix toises au trot.

Quant à la vitesse du galop, elle sera de cent soixante à cent soixante-dix toises par minute ; mais on ne fera passer les escadrons à cette allure, que quand ils seront confirmés dans les détails d'instruction que contiennent les quatre premiers articles du présent titre.

Observations.

Dans un terrain très-uni, les distances ci-dessus pourroient se parcourir en moins de temps, mais on ne doit alonger davantage les allures que dans les circonstances extraordinaires. On préparera les escadrons à ce qu'ils auront à exécuter en pareil cas, en leur faisant alonger le trot de temps en temps ; on donnera cette leçon rarement, & seulement quand les allures seront parfaitement confirmées.

Le Commandant du régiment fera répéter ces marches militaires, jusqu'à ce qu'il voie que les chevaux sont tranquilles dans les rangs, qu'ils y marchent sans ardeur, que les Cavaliers n'emploient ni force ni à-coup, en paſſant du pas au trot & du trot au pas, & que la viteſſe ainſi que l'égalité des allures ſoient bien réglées.

A proportion qu'il verra plus de calme, il exigera que les Cavaliers ſoient plus alignés & plus rapprochés, ſans cependant être trop ſerrés.

Le Commandant du régiment obſervera dans les marches militaires, de faire rompre alternativement par la droite & par la gauche. Cette attention donnera aux Officiers & aux Cavaliers une habitude égale des deux manières de marcher ; ce ſera de même toutes les fois que les eſcadrons ou le régiment manœuvreront.

Nota. On exercera les Adjudans & Maréchaux-des-logis à juger & meſurer les diſtances par le nombre de temps de trot & de galop de leurs chevaux ; & pour cela, on leur ſera parcourir ſouvent les eſpaces toiſés, en comptant leurs pas.

On les habituera auſſi à ſavoir combien le front d'un eſcadron & celui d'un régiment occupent de toiſes en bataille.

On leur enſeignera enſuite à ſe placer en intermédiaires entre des points donnés, ainſi qu'il ſera expliqué au *Titre des Évolutions.*

Afin de donner des notions ſur l'étendue du front d'un eſcadron compoſé de quarante-huit files, on le calculera ainſi qu'il ſuit :

L'eſcadron de Cavalerie, de 18 toiſes $\frac{1}{2}$ à 19 toiſes.

L'eſcadron de Dragons, de 18 toiſes à 18 toiſes & $\frac{1}{2}$.

L'eſcadron de Huſſards ou de Chaſſeurs, de 17 toiſes & $\frac{1}{4}$ à 18 toiſes.

Il peut exiſter une légère différence dans les dimenſions qui viennent d'être détaillées, en raiſon de la manière dont les régimens ſont montés, mais les Commandans des corps doivent s'en aſſurer, en faiſant toiſer le front des eſcadrons.

Il eſt plus difficile de donner des notions certaines ſur l'étendue du terrain qu'un cheval peut parcourir aux différentes allures, parce qu'elles varient en raiſon de ce que cès mêmes allures ſont plus ou moins alongées ;

mais on peut calculer généralement qu'un cheval parcourt à chaque pas environ 2 pieds 8 pouces ; à chaque temps de trot environ 3 pieds 8 pouces ; & à chaque temps de galop environ 12 pieds , d'où il résulte que pour que la vitesse & l'alongement des différentes allures soient telles qu'elles ont été fixées , un cheval doit faire dans une minute, de 113 à 124 pas , de 164 à 180 temps de trot & de 72 à 80 temps de galop.

ARTICLE 2.

Des Alignemens.

L'ALIGNEMENT d'une troupe sera considéré sous deux rapports ; l'alignement individuel , & celui d'une troupe sur une autre.

L'alignement individuel ayant été enseigné dans l'École du Cavalier, on en étendra l'application des files au peloton & des pelotons à l'escadron , ainsi qu'il sera dit ci-après.

Alignement des Files dans les Pelotons.

Chaque peloton étant séparément en bataille à rangs ouverts , on portera , à *quinze pas* en avant , quatre Cavaliers de la droite de chaque rang , & après les avoir établis sur une base d'alignement correcte , on commandera :

Par files à droite = A L I G N E M E N T.

A ce commandement, les Cavaliers se porteront successivement sur cet alignement, en se conformant aux principes établis dans l'*École du Cavalier.*

On fera ensuite avancer quatre Cavaliers de la gauche de chaque rang , & l'on commandera :

Par files à gauche = A L I G N E M E N T.

Cela s'exécutera de la même manière.

On fera recommencer les mêmes mouvemens, en donnant

donnant aux bafes d'alignement, des directions obliques.

Après avoir exercé les Cavaliers à l'alignement individuel à files ferrées, on les y exercera à files ouvertes, puis à rangs & à files ferrées.

On fera enfuite reculer les quatre files de droite ou de gauche de chaque rang, de *quatre pas*, & aligner en reculant; mais feulement à rangs & à files ferrées.

Dans tous les cas, lorfque les Cavaliers feront correctement alignés, on commandera :

FIXE.

A ce commandement, les Cavaliers replaceront la tête directe.

Alignement des pelotons dans l'Escadron.

Les Cavaliers étant bien inftruits à s'aligner promptement & correctement dans le peloton, on exercera les pelotons à s'aligner de même dans l'efcadron.

Toute troupe qui doit s'aligner fur une autre, doit s'arrêter à la hauteur des ferre-files, & parallèlement à la ligne de formation pour fe porter enfuite fur l'alignement de la troupe déjà formée, qu'elle ne doit jamais dépaffer.

Les pelotons qui doivent former l'efcadron étant placés les uns à côté des autres, on leur apprendra à s'aligner entr'eux de la manière fuivante :

On fera porter le peloton de droite, à *vingt-cinq* ou *trente pas* en avant ; après l'avoir aligné bien correctement fur une direction donnée, le Chef d'efcadron commandera :

Alignement par Pelotons.

Chaque Commandant de peloton fera fuccessivement au fien les commandemens, *Peloton en avant, MARCHE.* Arrivé à la hauteur des ferre-files de la troupe qui fert de bafe d'alignement, il commandera, *Peloton*, HALTE, & les chevaux étant calmes, *à droite* = ALIGNEMENT : alors tous les Cavaliers du peloton fe porteront en avant à-la-fois pour s'aligner.

L'alignement fini, le Chef de peloton commandera :

FIXE.

Obfervations.

On tiendra la main à ce que les Brigadiers obfervent l'alignement général de l'efcadron, fans avoir égard à l'alignement individuel.

On fera enfuite porter le peloton de gauche en avant, & aligner à gauche par peloton, d'après les mêmes principes ; foit qu'on doive s'aligner à droite ou à gauche, le guide fera toujours du côté de l'alignement. On répétera fréquemment ce principe aux Cavaliers, afin qu'ils s'y conforment, fans qu'il foit néceffaire d'en faire le commandement.

Après avoir fait aligner par pelotons, le Chef d'efcadron fera porter deux ferre-files à *vingt-cinq* ou *trente pas* en avant de la droite de l'efcadron ; il les placera fur un alignement parallèle au fien, laiffant entre eux l'étendue du front d'un efcadron. Il fera enfuite marcher fon efcadron en avant, à fix pas en arrière du nouvel alignement, il commandera :

1.

Efcadron.

2.

HALTE.

3.

À droite = ALIGNEMENT.

Au fecond commandement, l'efcadron s'arrêtera & les bas Officiers des ailes fe porteront & s'aligneront fur le prolongement des deux serre-files servant de base d'alignement.

Au troisième commandement, tous les Cavaliers de l'escadron entreront à-la-fois dans le nouvel alignement. On fera répéter le même mouvement par la gauche.

On placera ensuite deux Maréchaux-des-logis vis-à-vis des ailes de l'escadron, à *vingt-cinq* ou *trente pas* en avant, se faisant face l'un à l'autre, de la même manière que s'ils étoient placés en points intermédiaires.

Le Chef d'escadron fera marcher son escadron en avant, & à *dix pas* de ces deux Maréchaux-des-logis, il commandera :

I.

Escadron.

2.

HALTE.

3.

À *droite* = ALIGNEMENT.

Au second commandement, les bas Officiers des ailes se porteront en avant, & se placeront de manière que la tête de leurs chevaux touche la botte des deux Maréchaux-des-logis qui désignent l'alignement général.

Au troisième commandement, tous les Cavaliers de l'escadron entreront à-la-fois dans le nouvel alignement.

Cette manière de s'aligner indique aux Officiers, bas Officiers & Cavaliers, ce qu'ils ont à faire lorsqu'ils doivent servir de base d'alignement au reste de la ligne, ou bien lorsqu'ils se trouvent avoir devant eux quelques-uns des points intermédiaires placés sur l'alignement général.

On fera marcher l'escadron en avant, & l'on préviendra les Capitaines, ainsi que les Lieutenans qui se trouvent placés devant le front, qu'au commandement *halte*, ils feront un à droite de manière à marquer une ligne qui puisse servir de base à l'alignement de l'escadron.

Après avoir parcouru *quinze* ou *vingt pas*, le Chef d'escadron commandera, *Escadron* == *HALTE*. Après le second commandement, il rectifiera la position des Officiers qui doivent servir de base à l'alignement de l'escadron. Lorsqu'il se sera assuré qu'ils se trouvent placés d'une manière conforme à ses vues, il commandera *à droite* == *ALIGNEMENT*. A ce commandement, l'escadron se portera en avant de manière que la tête des chevaux des Cavaliers du centre de chaque peloton vienne toucher la botte des Officiers qui servent de base d'alignement.

Lorsque l'escadron sera correctement aligné, le Chef d'escadron commandera *FIXE :* à ce commandement les Cavaliers replaceront les têtes directes, & les Officiers qui auront fait un à droite, exécuteront un à gauche, pour reprendre leur place de bataille.

On répétera le même mouvement en faisant faire au commandement *halte*, un à gauche aux Officiers qui sont placés devant le front, & faisant aligner les Cavaliers à gauche, d'après les mêmes principes qui viennent d'être détaillés.

Cette manière de s'aligner indique aux Officiers, bas Officiers & Cavaliers, ce qu'ils ont à faire après la marche en bataille pour rectifier l'alignement.

Observations.

Dans les alignemens par pelotons, il est important d'exiger que les Commandans des pelotons ne mettent pas trop d'intervalle entre les commandemens *halte*, & le commandement, *à droite-alignement*, afin de ne pas ralentir les alignemens successifs. On les habituera aussi à ne commander *halte*, qu'à hauteur des serre-files de la troupe qui est déjà sur le nouvel alignement, afin que le retard qu'un Commandant de peloton pourroit

mettre

mettre dans son alignement, ne puisse pas influer sur celui des autres.

Tout Officier qui voudra aligner sa troupe sur elle-même, se portera à l'aile sur laquelle on s'aligne.

Tout Officier qui alignera sa troupe sur une autre déjà formée, se placera, à l'aile opposée, au côté sur lequel on s'aligne.

Les règles prescrites ci-dessus, auront de même lieu pour les alignemens par escadron.

L'attention du Chef d'escadron dans ces alignemens, ne doit porter que sur les Maréchaux-des-logis des ailes & sur l'étendard.

Le Capitaine de remplacement placé en serre-file, sera chargé de rectifier l'alignement du second rang, d'après les principes donnés.

ARTICLE 3.

De la Marche directe.

Principes généraux.

LES principes de la marche directe doivent donner aux Cavaliers les moyens :

1.° De conserver l'alignement en marchant, & de se lier les uns aux autres.

2.° De ne pas trop se serrer, & de reprendre l'aisance quand ils le sont.

3.° De ne pas s'ouvrir en marchant, & de se resserrer lorsqu'ils sont trop ouverts.

4.° De ne pas jeter le guide hors de sa direction, & de la lui faire reprendre s'il a été forcé de la quitter.

Le point le plus important dans la marche directe, étant de contenir les chevaux bien droits, il est nécessaire que les Cavaliers conservent la tête directe ; mais il faut cependant qu'ils connoissent le côté sur lequel ils doivent se régler, puisqu'ils sont astreints à en suivre tous les

mouvemens. En conséquence, le guide sera habituellement à droite; & lorsqu'il devra être à gauche, il sera
indiqué par l'avertissement, *guide à gauche*, prononcé
immédiatement après le commandement *marche*. Les
Cavaliers seront en sorte de sentir toujours légèrement
du genou, le genou de leur voisin du côté du guide;
ils regarderont aussi de temps en temps, mais sans tourner
la tête, la ligne des yeux de leur voisin du même côté.

L'alignement individuel doit être observé par ce
moyen dans tous les instans de la marche; mais il faut
pour le maintien de l'alignement général, que les Brigadiers cherchent à se conserver alignés entr'eux & sur
l'ensemble de leur troupe: ils ne seront donc pas aussi
strictement assujettis que le Cavalier, à l'alignement
individuel.

Il a déjà été prescrit que le Guide d'une Troupe ne
devoit point se mettre en mouvement par à-coup.

Ce principe s'étend aussi sur tous les Cavaliers qui
composent un rang, en supposant qu'ils soient en avant
ou en arrière de l'alignement, trop rapprochés ou trop
écartés de leurs voisins de droite ou de gauche : quelque
grande que soit leur distance, ils la reprendront avec
modération, en gagnant du terrain en avant.

Si les files s'ouvrent, les Cavaliers ne doivent jamais
se resserrer que du côté du Guide, en y portant la main,
& s'ils sont trop serrés dans le rang, ils doivent,
sans force ni à-coup, porter la main du côté opposé
au Guide. Dans l'un & l'autre cas, il est indispensable
de gagner beaucoup de terrain en avant, en même temps
qu'on en gagne peu sur le côté.

Le Guide d'une troupe qui marche droit devant
elle, se sentant jeté hors de sa direction, élèvera le
bras droit, & le portera en avant de toute sa longueur,
pour indiquer qu'il est forcé. Tous ceux des Cavaliers
de son rang qui apercevront ce mouvement, porteront
aussitôt la main du côté opposé sans tourner la tête.

École de la Marche directe par rangs de pelotons.

Lorsqu'on voudra exercer les Cavaliers à la marche directe, il faudra commencer cette instruction par rangs de pelotons.

Les Officiers qui commanderont les rangs de chaque peloton, ayant placé leurs pelotons de manière qu'ils puissent marcher un peu long-temps sans changer de direction, feront aligner les Cavaliers à droite, les files ouvertes, à la distance d'un pas. Ils donneront aux Cavaliers de la droite un point de direction perpendiculaire au front de leur rang. Ils lui prescriront d'en prendre un intermédiaire avant de partir, & de ne jamais perdre de vue ces deux points, afin de se maintenir toujours dans la direction l'un de l'autre. A mesure qu'il approchera du point intermédiaire qu'il aura pris, il en choisira un plus éloigné dans la même direction, ainsi de suite.

L'Officier commandera :

Garde à vous.

1.

Peloton en avant.

2.

MARCHE.

Au second commandement, chaque Cavalier se portera au pas droit devant lui, cherchant à conserver la même vitesse d'allure que son voisin du côté du Guide, & tournant de temps en temps les yeux de son côté sans déranger la tête.

Lorsqu'on voudra changer de direction, on commandera :

Garde à vous.

1.

Peloton.

2.

HALTE.

Tous les Cavaliers ayant fait *halte*, on placera deux hommes de la droite dans la nouvelle direction, & l'on fera aligner les autres fur eux.

Le rang étant aligné, on le fera marcher comme il vient d'être prefcrit.

On exécutera les mêmes mouvemens avec le *Guide à gauche*, d'après les mêmes principes.

Quand les Cavaliers auront été ainfi perfectionnés dans l'habitude de mener leurs chevaux bien droit au pas, on leur fera fucceffivement ouvrir & ferrer les files en marchant à la même allure, ayant foin de ne pas répéter ces mouvemens trop coup fur coup, mais au contraire de faire marcher long-temps après avoir ferré les files fans les ouvrir, & de même après les avoir ouvertes fans les ferrer.

Pour ouvrir & ferrer les files, on commandera :

Ouvrez les files à droite ou à gauche.

MARCHE.

Serrez les files à droite ou à gauche.

MARCHE.

On aura foin de faire toujours ouvrir les files du côté oppofé au Guide, & de les faire toujours ferrer du côté du Guide.

Les Cavaliers ayant exécuté ces différens mouvemens au pas, à droite & à gauche, on les mettra au trot : on leur fera de même ouvrir & ferrer les files en marchant, & paffer fouvent du pas au trot, ainfi que du trot au pas, par rangs de pelotons.

Les Cavaliers comprenant bien tout ce qu'ils ont à faire dans la marche directe par rang à files ouvertes & ferrées, on commencera les détails de l'article des

converfions;

conversions ; ces deux parties d'inftruction devant être données enfemble.

École de la Marche directe par pelotons.

On formera chaque peloton fur deux rangs ferrés, à *un pas* de diftance, & on fera recommencer le travail comme il a été fait, par rangs, en ouvrant & ferrant les files fucceffivement.

Les Cavaliers du fecond rang auront à obferver outre l'alignement, d'être bien correctement derrière leurs Chefs de file, & toujours à un pas de lui.

Lorfque la marche devra changer de direction, ce mouvement ne s'exécutera plus par le principe de l'alignement, mais par celui des converfions.

Obfervations.

Après que les Cavaliers auront été exercés fuffifamment aux principes de la marche directe, on pourra quelquefois, pour les y confirmer de plus en plus, & pour leur en faire acquérir l'intelligence, faire ufage des moyens de théorie ci-après, qui confiftent à faire commettre des fautes, pour apprendre à les connoître & à les réparer.

Moyens relatifs à l'Alignement.

On fera marcher un peloton, & l'on préviendra le Guide d'augmenter infenfiblement & de temps en temps fon allure, fans commandement. On répétera alors aux Cavaliers ce qu'ils ont à faire lorfqu'ils fe trouvent en arrière de l'alignement. Cette inftruction étant bien entendue, on préviendra le Guide de ralentir fon allure pendant quelques pas ; alors les Cavaliers fe conformeront aux principes qui leur ont été donnés pour les cas où ils fe trouvent trop en avant.

F

Moyens pour habituer les Cavaliers à resserrer les files lorsqu'elles font trop ouvertes.

On fera marcher un peloton, & à l'instant où les chevaux feront calmes, on dira au Guide, s'il est à gauche, de prendre dans fa marche une direction qui le porte un peu plus vers la gauche : on expliquera alors au fecond Cavalier de la gauche & aux autres, les moyens dont ils doivent fe fervir lorfqu'ils font féparés des files du côté du guide, pour s'en rapprocher.

Moyens pour habituer les Cavaliers à reprendre l'aifance des files lorfqu'elles feront trop ferrées.

Lorfque les Cavaliers fauront fe refferrer fans à-coup, on prefcrira au Guide, s'il est à droite, de prendre fa direction infenfiblement à gauche, ce qui produira un refferrement dans le rang : alors les Cavaliers feront ufage des principes qui leur ont été donnés pour cette cir-conftance ; on faifira cette occafion de leur répéter que les irrégularités ne doivent être réparées ni trop vîte, ni avec trop de force, pour ne pas en occafionner de nouvelles.

Lorfqu'un peloton aura acquis au pas l'intelligence néceffaire pour éviter les à-coups, on fera faire au trot ce qui vient d'être détaillé.

Avant de paffer à la marche directe par efcadrons, on y préparera les Cavaliers en faifant exécuter par divifion, ce qui vient d'être prefcrit pour la marche directe par pelotons.

École de la marche directe par Efcadrons.

Lorfqu'on jugera les Cavaliers affez inftruits de tout ce qu'ils ont à exécuter dans la marche directe par pelotons & par divifion, on réunira l'efcadron.

Avant de faire marcher l'efcadron, on fera fortir les

files de droite & de gauche des quatre pelotons, & on
les fera marcher en conservant entr'elles l'espace nécessaire pour y recevoir les Cavaliers de leurs pelotons.
Les Commandans des pelotons & les Maréchaux-des-
logis des ailes marcheront avec les files d'encadrement ;
les autres Officiers & bas Officiers resteront à leur place
de bataille. Les Brigadiers s'habitueront ainsi à ne pas se
régler sur les individus de leur rang, mais seulement sur
l'ensemble de ce même rang. On marchera de cette
manière au pas & au trot.

Lorsque les Brigadiers sauront exécuter correctement
de cette manière ce qui est relatif à la marche directe,
on replacera les Cavaliers dans les rangs, & l'escadron
étant réuni, l'on suivra les gradations employées précédemment & la même progression dans les allures, excepté
qu'on ne fera point ouvrir & serrer les files, ni commettre
de fautes en marchant par escadrons.

Lorsqu'on voudra faire marcher l'escadron en avant
avec le Guide à droite, on fera porter le Maréchal-des-
logis de l'aile droite sur l'alignement des Officiers qui
marchent devant le front ; le Maréchal-des-logis de serre-
file du premier peloton le remplacera à l'aile de l'escadron.
On commandera ensuite :

Garde à vous.

1.

Escadron en avant.

2.

MARCHE

Avant le premier commandement, le Chef d'escadron
indiquera au Maréchal-des-logis qui s'est porté en avant,
un point fixe perpendiculaire sur le front de l'escadron :
ce bas Officier prendra des points intermédiaires & successifs, ainsi qu'il a été expliqué.

Le Chef d'escadron indiquera au Maréchal-des-logis

qui aura remplacé celui de l'aile de l'escadron, le point éloigné qu'il a donné à ce bas Officier, lequel servira lui-même de point intermédiaire à l'autre Maréchal-des-logis pour suivre toujours la direction donnée.

Les Officiers qui marchent devant le front de l'escadron, se maintiendront toujours au même degré d'allure que le Maréchal-des-logis de droite : ils conserveront entr'eux la distance qu'ils doivent avoir.

Le Maréchal-des-logis placé à la droite du premier rang, aura attention de conserver de lui, au Maréchal-des-logis qui marche à la hauteur des Officiers, la distance qui étoit entr'eux en partant, & de se diriger de manière que ce dernier lui couvre le point de direction indiqué par le Chef d'escadron. Les Cavaliers du premier rang sentiront la botte du côté du Maréchal-des-logis placé à la droite, de manière cependant à ne jamais presser sur lui.

Le Chef d'escadron se tiendra derrière l'aile droite jusqu'à ce qu'il se soit assuré que la direction qu'il a donnée est bonne, ce dont il jugera de la manière suivante. S'il voit que les Cavaliers se resserrent, & sont obligés de porter la main à gauche, alors il ordonnera aux Maréchaux-des-logis de la droite de prendre un autre point un peu plus à droite & un point intermédiaire correspondant. Si au contraire les Cavaliers s'ouvroient à droite & étoient obligés d'y porter la main, le Chef d'escadron prescriroit aux Maréchaux-des-logis de prendre un point un peu plus à gauche, & de même un point intermédiaire correspondant.

Le Chef d'escadron n'augmentera la vîtesse de l'allure que quand il sera ainsi assuré de son point de direction.

On exercera l'escadron à marcher avec le Guide à gauche, & pour cela on commandera :

Garde à vous.

I.

Escadron en avant.

2. MARCHE.

(25)

2.

MARCHE.

3.

Guide = À GAUCHE.

Le Maréchal-des-logis de l'aile gauche placé d'avance
sur l'alignement des Officiers qui sont devant le front,
marchera vers le point que le Chef d'escadron lui indiquera, en prenant un point intermédiaire fixe; il sera
remplacé à l'aile gauche de l'escadron par le serre-file
le plus voisin de cette aile.

Le Chef d'escadron déterminera & rectifiera la direction par les mêmes moyens qui ont été indiqués pour
le cas où l'on marche avec le *guide à droite*.

Toutes les fois qu'on voudra arrêter, on commandera:

Garde à vous.

1.

Escadron.

2.

HALTE.

3.

À *gauche* = ALIGNEMENT.

4.

FIXE.

Ces commandemens s'exécuteront ainsi qu'il a été
expliqué à la fin de *l'article II du présent titre.*

Observations.

On sera plus fréquemment marcher l'escadron avec le
guide à droite, cette manière devant être employée habi-

G

tuellement dans la marche en bataille ; mais on exercera les escadrons à marcher avec le *guide à gauche*, assez souvent pour qu'ils n'en soient point embarrassés, dans le cas où le Commandant d'une ligne choisiroit l'escadron de la gauche pour être celui d'*alignement*.

Lorsque l'escadron sera confirmé dans les principes de la marche directe, on pourra placer vers la droite ou vers la gauche des bas Officiers pour figurer les Officiers d'un escadron, afin d'apprendre à juger le rapport qu'un escadron peut avoir avec une ligne. Dans ce cas, le Maréchal-des-logis de l'aile ne se portera point en avant.

École de la marche directe au galop.

On exercera ensuite les Cavaliers à la marche directe au galop, & pour cela on recommencera à travailler par rangs de pelotons, & on suivra toute la progression établie pour le travail au pas & au trot, excepté qu'on ne fera pas ouvrir & serrer les files, ni commettre de fautes pour les réparer.

On veillera à ce que le second rang garde toujours sa distance avec précision.

> *Nota*. Dans la marche au galop, on aura soin de faire toujours repasser au trot & au pas, avant d'arrêter.

ARTICLE 4.

De la Marche circulaire ou de conversion.

Principes généraux.

On doit distinguer deux espèces de conversion : première, *conversion à pivot fixe* ; seconde, *conversion à pivot mouvant*.

DANS toute espèce de conversion, le conducteur de l'aile qui tourne, doit décrire son arc de cercle, de manière à ne pas faire trop ouvrir ni serrer les files :

chaque Cavalier du premier rang doit mesurer l'étendue de son arc de cercle, d'après l'éloignement où il se trouve du pivot.

Tous ces différens arcs de cercle devant commencer & finir en même temps, il est nécessaire que chaque Cavalier marche d'une allure plus alongée, en proportion de ce qu'il est plus éloigné du pivot de la conversion.

Pendant toute la durée de la conversion, les Cavaliers doivent avoir la tête tournée du côté de l'aile marchante, afin de pouvoir régler le degré de leur allure sur le sien.

Les Cavaliers du premier rang porteront insensible-ment la main du côté du pivot, pour faire décrire à leurs chevaux la portion du cercle qu'ils doivent parcourir.

Le principe dans toutes les conversions, lorsque les Cavaliers se séparent, est de se rapprocher très-insen-siblement, en gagnant du terrain en avant & sans trop plier les chevaux.

Lorsque les Cavaliers se serrent trop, ils doivent de même s'ouvrir avec beaucoup de modération, & en gagnant du terrain en avant.

De la Conversion à pivot fixe.

Dans les conversions à pivot fixe, ce pivot ne devant jamais être jeté en dehors, les Cavaliers doivent résister à la pression qui vient de l'aile marchante, & céder à celle qui vient du côté du pivot.

Lorsque les Cavaliers sont trop ouverts, ils doivent de même se resserrer vers le pivot, mais avec la grada-tion expliquée ci-dessus.

Les ailes marchantes exécuteront ces sortes de conversions à la même allure dont on marchoit pré-cédemment.

De la Conversion à pivot mouvant.

L'objet du pivot mouvant doit être de dégager

insensiblement le point où commence le mouvement , & d'en abandonner le terrain en s'avançant ainsi par degré dans la nouvelle direction.

Le conducteur de l'aile marchante doit, dans ce mouvement , doubler l'allure & décrire son arc de cercle , de manière à ne pas faire trop ouvrir ni serrer les files. Les Cavaliers de chaque rang placés depuis le centre du rayon de la conversion jusqu'à l'aile marchante, augmenteront progressivement leur allure, de manière que ceux du centre conservent la même à laquelle ils marchoient précédemment. Les Cavaliers placés depuis le centre du rayon de la conversion jusqu'au pivot , diminueront leur allure dans la même progression.

À la fin d'une conversion à pivot mouvant , la portion de la troupe qui a augmenté son allure doit la diminuer, & celle qui l'a diminuée , doit l'augmenter. Tous les Cavaliers redresseront leurs chevaux ; l'aile qui converse & le pivot reprendront l'allure à laquelle on marchoit précédemment.

Dans ces mêmes conversions, il faut toujours céder à l'impulsion qui vient de l'aile à laquelle se trouve le guide de la troupe, & résister à celle qui vient du côté opposé, soit que ce guide se trouve au pivot ou à l'aile qui converse.

Si les files viennent à s'ouvrir, les Cavaliers doivent de même les serrer insensiblement vers le guide, avec l'attention de se redresser toujours à temps, pour ne pas le forcer.

Dans toute espèce de conversion, pour conserver plus sûrement l'alignement, les Brigadiers s'aligneront tous sur l'aile qui converse, sans avoir égard à l'alignement individuel.

École de conversions par rangs de pelotons.

On commencera l'École de conversion, par rangs de pelotons & à files ouvertes : on aura soin de placer

un

un bas Officier ou un Cavalier intelligent à chaque aile, & on commandera :

Garde à vous.

1.

En cercle à droite.

2.

M A R C H E.

Au second commandement, les Cavaliers tourneront tous la tête du côté de l'aile marchante : le bas Officier qui la conduit se mettra en mouvement au pas, ayant soin de mesurer de l'œil l'étendue de la portion de cercle qu'il doit décrire pour n'occasionner ni ouverture ni resserrement dans le rang.

La conversion continuera jusqu'à ce que l'on fasse le commandement *en* ⸗ *AVANT*, auquel la troupe se portera en avant. On commandera ensuite *peloton, HALTE, à droite* ⸗ *ALIGNEMENT* & *FIXE.*

Dès que le rang aura fait quelques conversions de suite au pas, on le fera passer au trot, choisissant l'instant où les chevaux seront le plus calmes : après quelques tours au trot, on se remettra au pas.

On fera exécuter *à gauche* les mêmes mouvemens que l'on a faits *à droite*, en se conformant aux mêmes principes, par les moyens contraires.

On fera ensuite rapprocher les Cavaliers botte à botte, ouvrir & serrer les files en conversant au pas & au trot par les commandemens & les moyens prescrits à *l'article précédent.*

École de Conversions par pelotons.

On réunira les deux rangs de chaque peloton pour les faire converser *en cercle.* On emploîra les commandemens indiqués précédemment, & on commencera à converser à files ouvertes.

H

A mesure que la troupe acquerra du calme en conversant au pas & au trot, on exigera que les Cavaliers se rapprochent & qu'ils marchent botte à botte, ainsi qu'on l'a fait dans les conversions par rangs de pelotons : c'est alors qu'on expliquera plus particulièrement aux Cavaliers du second rang, ce qu'ils ont à observer dans les conversions, ainsi qu'il a été détaillé à la cinquième leçon de *l'article 2 du Titre II.*

On fera aussi ouvrir & serrer les files, comme il a été dit précédemment.

Les fautes étant un moyen d'instruction nécessaire pour apprendre à les réparer, lorsque les files sauront dans les mouvemens de conversion s'ouvrir & se serrer sans à-coup, on fera faire au pivot le mouvement irrégulier d'appuyer un peu sur son rang ; alors les Cavaliers se sentant serrés, apprendront à porter la main vers l'aile qui tourne, pour la faire céder à l'impulsion.

On fera ensuite, pendant la durée de la conversion, porter un peu le pivot du côté opposé à l'aile marchante, ce qui obligera les Cavaliers à se rapprocher de lui.

D'autres fois on prescrira au centre de la troupe de rester en arrière, ou de se porter en avant, afin d'accoutumer le Brigadier conducteur de l'aile marchante, à donner aux Cavaliers du centre la facilité de reprendre l'alignement.

Les Cavaliers s'étant affermis par les mouvemens en cercle aux principes de conversion, on leur fera exécuter en marchant les conversions à pivot fixe & à pivot mouvant au pas & au trot.

Conversions à pivot fixe en marchant.

On commandera :

Garde à vous.

I.

Peloton à droite ou à gauche, demi-tour à droite, ou demi-tour à gauche.

2.

MARCHE.

3.

En = AVANT.

Au second commandement, l'aile qui devra servir de pivot, arrêtera: celle qui devra converser, tournera à la même allure dont la troupe marchoit précédemment.

A la première partie du troisième commandement, le pivot se préparera à reprendre l'allure à laquelle la troupe marchoit précédemment.

A la seconde partie du même commandement, les deux ailes se porteront en avant en même temps & à la même allure.

Conversion à pivot mouvant.

On commandera:

Garde à vous.

1.

Tournez = à DROITE.

2.

En = AVANT.

A la première partie du premier commandement, le pivot se préparera à ralentir son allure, & l'aile marchante, à augmenter la sienne, de manière que la seconde partie du même commandement détermine le doublement de l'allure & l'exécution de la conversion. Le pivot décrira un arc-de-cercle de *cinq pas*, pendant le temps que l'aile marchante emploira à exécuter la conversion.

A la première partie du second commandement, le pivot se préparera à augmenter son allure, & l'aile marchante, à ralentir la sienne, afin que la seconde partie de ce même commandement, détermine la marche directe à l'allure dont la troupe marchoit avant de converser.

On répétera le même mouvement à gauche, & l'on commandera :

Garde à vous.

I.

Tournez == *à GAUCHE.*

2.

En == *AVANT.*

Ces commandemens s'exécuteront d'après les mêmes principes.

Observations.

Chaque Cavalier doit avoir attention de redresser son cheval à la première partie du second commandement, de manière à pouvoir se porter droit devant lui à la seconde.

Les Cavaliers n'ayant point encore été exercés à faire des conversions au galop, on observera de ne faire les commandemens, *tournez à droite* ou *tournez à gauche*, qu'en marchant au pas.

Avant de passer aux conversions par escadron, on y préparera les Cavaliers, en faisant exécuter par divisions ce qui a été prescrit pour les conversions par pelotons.

École de conversions par escadron.

On réunira l'escadron, on fera sortir les files d'encadrement, comme il a été dit dans l'*École de la marche directe*, & on leur fera exécuter les conversions.

Lorsque les Brigadiers sauront bien converser de cette manière, on fera rentrer les Cavaliers dans les encadremens, & l'on suivra encore la même gradation employée précédemment & la même progression dans les allures, excepté qu'on ne fera pas ouvrir & serrer les files, ni commettre des fautes pour les réparer, en conversant par escadron.

Observations.

Observations.

Lorsqu'on exercera les Cavaliers aux converſions à pivot mouvant, en marchant par eſcadron, on preſcrira au pivot de décrire un arc-de-cercle de *dix-huit pas*, & à l'aile marchante de meſurer le ſien en conſéquence.

École de Converſions au galop.

Les eſcadrons ſachant converſer au pas & au trot, on leur ſera exécuter des converſions au galop. On recommencera pour cet effet à faire tourner en cercle par rangs de pelotons. Il faudra changer ſouvent d'allure, & éviter de galoper long-temps ſur la même main.

Changer le côté de la Converſion ſans arrêter.

Le peloton converſant en cercle à droite, on commandera de converſer à gauche; alors l'aile droite ſe portera en avant & l'aile gauche deviendra pivot. Tous les Cavaliers redreſſeront leurs chevaux & les dirigeront de manière à parcourir, en ſens contraire, de nouveaux cercles. Lorſque le peloton exécutera bien ces mouvemens au pas, on les lui ſera répéter au trot, mais jamais au galop.

Les pelotons étant bien rompus à toute eſpèce de converſions au galop, on les réunira pour leur faire exécuter d'abord par diviſions, enſuite par eſcadron, tous les mouvemens qui viennent d'être détaillés.

Observations.

Les converſions au galop par eſcadron & les changemens de converſions ſans arrêter, exigent, de la part des Maréchaux-des-logis des ailes, de l'intelligence & de l'attention. C'eſt en meſurant bien leur arc-de-cercle & le degré de vîteſſe de leur allure, qu'ils parviendront à exécuter correctement ces mouvemens.

I

Le Maréchal-des-logis placé à l'aile marchante, doit sans cesse avoir l'œil sur l'ensemble de l'escadron : s'il aperçoit que les cavaliers soient trop serrés, il doit leur donner de l'aisance, mais toujours en se portant en avant : s'il s'aperçoit qu'ils soient trop ouverts, il doit insensiblement diminuer la portion de cercle qu'il parcourt.

Dans aucun cas le pivot de la conversion ne doit reculer, même pour réparer une faute qu'auroient commise les Cavaliers du centre ; ce défaut dont on ne sent pas la conséquence, avec une seule troupe, auroit les plus grands inconvéniens, parce que dans une colonne, il empêcheroit la troupe qui suit d'avoir sa distance, & qu'en se mettant en bataille, il rendroit l'alignement impossible.

ARTICLE 5.

De la Marche oblique.

ON distinguera deux espèces de marche oblique : *la marche oblique individuelle*, & *la marche oblique par troupe.*

De la Marche oblique individuelle.

La marche oblique individuelle est celle qui s'exécute par un mouvement de chaque Cavalier, sans que la subdivision change de front. On commencera à y exercer les Cavaliers par pelotons, & l'on commandera :

Garde à vous.

1.

Oblique à droite.

2.

MARCHE.

Au second commandement, les Cavaliers feront exécuter tous en même temps à leurs chevaux *un quart d'à droite*, en forte que la tête de chaque cheval fe trouve placée à hauteur de la ganâche ou à l'extrémité de l'encolure du cheval qui eft à fa droite, & que le genou droit de chaque Cavalier foit en arriere du genou gauche du Cavalier vers lequel on oblique.

Ce premier mouvement exécuté, les Cavaliers fe porteront droit devant eux, dans la nouvelle direction qu'ils ont prife.

Obſervations.

Dans tous les inftans de la marche oblique, toutes les fois que les Cavaliers ne feront pas liés les uns aux autres, ils doivent augmenter infenfiblement leur allure, afin de fe rapprocher du côté vers lequel on marche, fans cependant preffer fur lui.

S'ils font trop ferrés ou plus avancés que le Cavalier du côté de l'aile vers laquelle ils obliquent, ils doivent infenfiblement ralentir leur allure. Tous ces mouvemens doivent fe faire en gagnant beaucoup de terrain en avant, en même temps qu'on en gagne peu fur le côté.

Quel que foit l'efpace que le Brigadier de l'aile vers laquelle on oblique ait à parcourir, il ne doit jamais faire plus d'*un quart d'à droite* : il eft très-effentiel enfuite qu'il fe porte droit devant lui & ne change plus de direction : il aura auffi la plus grande attention, s'il doit doubler l'allure, de ne point partir avec précipitation.

Lorfqu'on aura obliqué à droite pendant quelque temps, on commandera, *en = AVANT ;* à ce commandement, les Cavaliers redrefferont leurs chevaux par un mouvement contraire au premier, & fe porteront enfuite droit devant eux.

Les Cavaliers qui auront ouvert la marche, foutiendront un temps leur allure, afin que le peloton foit plus tôt à fa direction.

On répétera le même mouvement vers la gauche, & pour cela, l'on commandera :

Garde à vous.

1.

Oblique à gauche.

2.

MARCHE.

Ces commandemens s'exécuteront d'après les mêmes principes qui ont été détaillés pour obliquer à droite.

On exécutera tout ce qui vient d'être prescrit, au pas & au trot : on réunira ensuite la division, puis l'escadron, & l'on recommencera les mêmes mouvemens.

De la Marche oblique par troupes.

Pour exercer les Cavaliers à la marche oblique par troupes, on réunira l'escadron, & l'on commandera ·

Garde à vous.

1.

Pelotons, demi-à-droite.

2.

MARCHE.

Au second commandement, chaque peloton fera son demi-à-droite à pivot fixe, d'après les principes établis dans *l'article précédent*. La conversion étant près de finir, le Chef d'escadron commandera :

3.

En = AVANT.

Au troisième commandement, la marche de chaque peloton deviendra directe.

Pendant toute la durée de cette marche, le Brigadier de droite de chaque peloton fera guide ; celui de la première subdivision aura grande attention de marcher bien droit devant lui ; tous les autres observeront leurs

distances,

distances, & prendront pour chef de file le *quatrième Cavalier* de l'aile opposée au guide de la subdivision qui les
précède.

Tous les Officiers & bas Officiers resteront à leur
place de bataille : le Capitaine & le Sous-lieutenant de
remplacement, ainsi que le second Lieutenant de la
seconde division, se tiendront sur le flanc droit de la
colonne.

Après avoir marché quelque temps dans cet ordre,
le Chef d'escadron commandera :

Garde à vous.

1.

Pelotons, demi-à-gauche.

2.

MARCHE.

3.

En = AVANT.

Au second commandement, chaque peloton exécutera
son demi-à-gauche à pivot fixe, & au même degré de
vitesse dont l'escadron marchoit précédemment.

Observations.

Les pivots de chaque peloton doivent avoir l'attention, dans ce mouvement, d'arrêter leurs chevaux tous
à-la-fois, pour que les conversions de toutes les subdivisions
puissent finir en même temps. Un peu avant la fin de
la conversion, les ailes marchantes observeront aussi de
ralentir l'allure insensiblement, afin qu'au troisième
commandement, tout l'escadron puisse se porter ensemble
en avant.

Après avoir marché quelque temps, on arrêtera
l'escadron.

On répétera le même mouvement vers la gauche,

& pour cela, l'on commandera, *garde à vous pelotons, demi-à-gauche, MARCHE, en = AVANT, pelotons demi-à-droite, MARCHE, en = AVANT*. Ces commande-mens s'exécuteront en sens contraire, d'après les mêmes principes qui viennent d'être détaillés.

On exercera ensuite l'escadron à exécuter ces mouvemens en marchant; on les répétera au trot des deux manières, l'escadron étant arrêté ou en mouvement.

On conservera les distances avec la plus grande attention pendant toute la durée de cette marche oblique; s'il arrivoit cependant qu'elles fussent perdues, il ne faudroit les reprendre qu'insensiblement, les pelotons devant conserver la même allure.

ARTICLE 6.

De la Marche de flanc.

ON exercera les Cavaliers à la marche de flanc d'abord par peloton, ensuite par escadron. Chaque peloton étant séparément en bataille, le Commandant de peloton enverra un bas Officier se placer dans le point où il voudra faire reformer son peloton, & commandera ensuite :

Garde à vous.

1.

Par file = à DROITE.

2.

MARCHE.

Au premier commandement, les Cavaliers porteront la tête & la main à droite. Le premier Cavalier de la droite de chaque rang fera à droite, de manière que la croupe de son cheval soit placée à la hauteur de l'encolure de celui qui étoit à sa gauche.

Au second commandement, ces deux Cavaliers se

mettront en mouvement & se dirigeront à *cinq ou six pas*
en arrière du bas Officier qui indique le point où le
peloton doit se former; ils marcheront à mêmes hauteur
& distance; & seront suivis promptement & exactement
par tous les autres Cavaliers de chaque rang.

Le Commandant de chaque peloton marchera à
hauteur de la file droite de son peloton : arrivé au point
où il doit le former, il commandera :

1.

FRONT.

2.

HALTE.

Au premier commandement, le premier Cavalier de
chaque rang tournera circulairement à gauche & diminuera
son allure.

Au second commandement, il arrêtera : tous les autres
Cavaliers feront successivement les mêmes mouvemens,
& s'aligneront à droite.

Le Commandant de peloton commandera *FIXE*, &
reprendra sa place habituelle.

Le serre-file suivra les mouvemens des Cavaliers de
son peloton, à hauteur du centre du second rang.

On répétera le même mouvement vers la gauche,
& pour cela on commandera :

Garde à vous.

1.

Par file = à GAUCHE.

2.

MARCHE.

1.

FRONT.

2.

HALTE

Ces commandemens s'exécuteront en sens contraire, d'après les mêmes principes qui viennent d'être détaillés.

On exécutera ces mouvemens successivement au pas, au trot & au galop.

Les pelotons ayant été exercés séparément à la marche de flanc, on réunira l'escadron pour recommencer les mêmes mouvemens, & l'on suivra la même progression dans les allures.

Alors le Maréchal-des-logis de l'aile par laquelle on aura rompu, se placera à la tête des deux premiers Cavaliers de la colonne ; celui de l'aile opposée se placera en ferre-file. Tous les Officiers & bas Officiers resteront sur le flanc où ils sont placés, de manière qu'en se reformant, ils puissent se trouver chacun à leur place de bataille. Le Chef d'escadron conduira lui-même la première file de son escadron.

Observations.

Les Cavaliers auront attention pendant la marche de flanc, de se tenir exactement à leurs Chefs de file, à *un pas* de distance, & d'exécuter correctement & sagement les déboîtemens & emboîtemens que cette marche nécessite.

Ils auront attention de ne jamais arrêter ni changer d'allure pendant la marche de flanc, & s'ils étoient gênés par les mouvemens de celui qui les précède, ils doubleroient vers le côté où ils doivent faire front.

ARTICLE 7.

De la Marche en colonne.

Principes généraux.

On distinguera trois espèces de colonnes.

1.° La

1.° La colonne avec diſtance.

2.° La colonne ſerrée.

3.° La colonne de route.

De la Colonne avec diſtance.

La colonne avec diſtance a pour objet de tranſporter une troupe d'une poſition à une autre, de manière que dans ſon mouvement, elle ait toujours la poſſibilité de ſe mettre en bataille ſur-le-champ, dans tous les ſens. Pour remplir cet objet, ſa profondeur doit être égale au front que la troupe occuperoit en bataille, moins le front d'une ſubdiviſion : on la fera habituellement marcher par pelotons, parce que la proportion de ce front eſt la plus commode pour tous les mouvemens; mais lorſque le Commandant en chef jugera plus convenable à ſes vues de marcher par diviſions, il en donnera l'ordre.

Si des obſtacles imprévus obligeoient une colonne avec diſtance, marchant par pelotons, de diminuer ſon front, on la fera dédoubler par ſections, ou bien marcher par quatre, par deux ou par un; mais auſſitôt que le terrain le permettra, on fera reformer les pelotons.

Lorſqu'on marchera en colonne avec diſtance, par peloton, ou par un plus petit front, le premier peloton ſera toujours commandé par le Capitaine de la première diviſion; le ſecond par le Lieutenant de la même diviſion; le troiſième par le Capitaine de la ſeconde diviſion; & le quatrième par le Lieutenant de la même diviſion.

Ces quatre Officiers répéteront tous les commandemens de *marche* & de *halte* qui ſeront faits à leur eſcadron. Lorſqu'on marchera par diviſions, chaque diviſion ſera toujours commandée par le Capitaine qui y eſt attaché : dans ce cas, les Lieutenans ne répéteront pas les commandemens de *marche* & de *halte* qui ſeront faits à leur eſcadron.

L

Dans toutes les marches de colonne, ainfi que dans toute autre circonftance, les Cavaliers auront la *tête directe.* Si l'on marche la droite en tête, le Guide fera *à gauche*; fi l'on marche la gauche en tête, il fera *à droite.*

Les Cavaliers doivent toujours céder à la preffion qui vient du côté du Guide, & réfifter à celle qui vient du côté oppofé : en conféquence, on leur apprendra à connoître l'un & l'autre, fans qu'on foit obligé de le leur indiquer par un commandement.

Toutes les fois qu'on marchera en colonne par pelotons, les Guides obferveront de conferver toujours entr'eux & celui qui les précède, une diftance égale à la longueur du front de leurs fubdivifions, & de régler leur allure fur celle de ce même Guide, dans la direction duquel ils fe maintiendront. Cette diftance fera comptée du premier rang d'un peloton, au premier rang du peloton qui le précède. La même règle exiftera en marchant par divifions.

L'obfervation des diftances étant l'objet le plus effentiel à remplir dans toute efpèce de colonne avec diftance, tout lui fera fubordonné. Les Guides auront cependant attention d'éviter, autant qu'il fe pourra, de changer d'allure fans commandement; & s'il arrivoit que leur diftance s'ouvrît ou fe refferrât, ils feront en forte de réparer cette faute, avec modération & fans à-coup.

Les Commandans des fubdivifions veilleront continuellement à l'obfervation de la diftance.

Les obftacles que le terrain peut préfenter à la marche des colonnes avec diftance, rendent quelquefois impoffible de conferver la direction des Guides. Il fuffit alors d'aftreindre celui de chaque fubdivifion à paffer dans le même point où aura paffé celui qui le précède.

La première troupe d'une colonne qui fe mettra en marche, à quelque allure qu'elle parte, modérera toujours son mouvement, afin de donner le temps à la colonne de prendre de l'ensemble, & d'avoir de la tête à la queue un mouvement égal.

Lorsqu'on marchera par sections, par quatre ou par deux, les Guides de chaque rang se conformeront à tout ce qui vient d'être indiqué, excepté qu'ils ne conserveront qu'*un pas* de distance de l'un à l'autre.

Lorsque dans les colonnes avec distance, les changemens de direction exigeront des conversions successives, ces conversions s'exécuteront toujours à pivot mouvant, de manière qu'il n'en résulte aucun retard dans la marche de la colonne : l'arc de cercle décrit par les pivots doit être de *cinq pas*. Lorsqu'on sera rompu par sections, par quatre ou par deux, les pivots exécuteront les conversions successives sans diminuer leur allure.

De la Colonne serrée.

La colonne serrée ayant à la fois pour objet de diminuer sa profondeur & de cacher le nombre de troupes qui la composent, elle sera toujours formée par escadrons. On détaillera *au Titre des Évolutions*, la manière dont elle devra être formée & dont elle devra se mouvoir.

De la Colonne de route.

La colonne de route n'ayant pour objet que la commodité de la marche, elle sera formée par sections, par quatre, & plus habituellement par deux, afin de n'être pas obligé de dédoubler & de pouvoir choisir la portion de chemin la plus facile pour les chevaux.

L'Escadron étant en bataille, le rompre à droite par pelotons.

On commandera :

Garde à vous.

1.

Pelotons à droite.

2.

MARCHE.

Au premier commandement, les Brigadiers de l'aile gauche de chaque peloton se prépareront à déboiter légèrement.

Au second commandement, la conversion s'exécutera, & au moment où elle sera près de finir, les deux Capitaines & les deux Lieutenans commanderont chacun à leur peloton, *HALTE*, *à gauche* = *ALIGNEMENT* : les Cavaliers étant alignés, ces Officiers commanderont *FIXE :* ils resteront au centre de leur peloton.

Dans ce mouvement, les Sous-lieutenans & les Maréchaux-des-logis de serre-file doivent rester derrière leur peloton. Le Capitaine & le Sous-lieutenant de remplacement, ainsi que le second Lieutenant de la seconde division, resteront sur le flanc de l'escadron, du côté opposé au Guide. Le Maréchal-des-logis de l'aile gauche passera en serre-file derrière le quatrième peloton.

Les pelotons ayant fini leurs conversions, les Guides ne chercheront pas à se mettre à leurs Chefs de file.

On se conformera aux mêmes principes, lorsqu'il sera ordonné de rompre à droite par division ; alors le Capitaine de remplacement marchera à hauteur de la première division, & le Sous-lieutenant de remplacement, ainsi que le second Lieutenant de la seconde division, resteront en serre-file.

Marcher la droite en tête.

Le Chef d'escadron commandera :

1.

Colonne en avant.

2. *MARCHE.*

2.

MARCHE.

On aura soin, auparavant, de donner un point de direction au Brigadier guide de la première subdivision : celui-ci choisira des points intermédiaires, afin d'être sûr de marcher droit. On indiquera au Guide de la seconde subdivision le point fixe qu'on a donné au Guide de la première, qui servira de point intermédiaire pour l'autre : ces deux Brigadiers conserveront pendant toute la durée de la marche, la direction qui leur aura été donnée.

Les deux autres Brigadiers guides se tiendront exactement à leurs Chefs de file.

Arrêter la Colonne.

Après avoir ainsi marché quelque temps, on commandera :

Garde à vous.

I.

Colonne.

2.

HALTE.

Au premier commandement, tous les Cavaliers se prépareront à arrêter.

Au second commandement, répété par chaque Commandant de peloton, on arrêtera, & les Commandans de peloton feront le commandement *à gauche* = *ALIGNEMENT* & *FIXE.*

Observations.

Le Guide de chaque subdivision sera personnellement responsable de l'exactitude de la distance.

Chaque Chef de peloton répétera le commandement *halte*, aussi promptement qu'il sera possible. Après le commandement *fixe*, il n'y aura aucun mouvement dans les pelotons, même pour rectifier les distances.

Le Chef d'escadron, après avoir commandé *halte*, se portera derrière le Guide du second peloton, pour juger si les deux Brigadiers ont bien marché sur le point de direction qu'il aura indiqué.

C'est de cette même place qu'il fera le premier commandement pour mettre l'escadron en bataille.

L'Escadron étant en colonne, la droite en tête, le mettre à gauche en bataille.

La colonne étant arrêtée, on commandera :

I.

À gauche en bataille.

2.

MARCHE.

Au premier commandement, le Maréchal-des-logis de l'aile droite se portera sur la direction des Brigadiers guides de la colonne, à la distance du front d'un peloton faisant face au côté vers lequel on doit se mettre en bataille.

Au second commandement, répété par tous les Commandans de peloton, l'escadron se mettra en bataille, le Brigadier de l'aile gauche de chaque peloton, servant de pivot à la conversion de son peloton, & tournant sur lui-même, sans avancer ni reculer. Chaque Commandant de peloton commandera *HALTE*, à l'instant où l'aile marchante de son peloton sera près de finir son emboîtement, ensuite *à droite* == *ALIGNEMENT*. Pendant la durée de la conversion, le Maréchal - des - logis de l'aile gauche reprendra sa place de bataille.

Le mouvement fini, le Commandant d'escadron commandera *FIXE*, pour replacer les têtes directes.

Le Chef d'escadron doit, après avoir commandé à

gauche en bataille, examiner si le Maréchal-des-logis de l'aile droite est bien exactement sur la direction des Brigadiers de la colonne, & le rectifier s'il n'y est pas, avant de commander *marche*. Aussitôt qu'il aura fait ce dernier commandement, il se portera avec célérité à l'aile droite de son escadron, pour juger si les pivots ont bien exécuté leur mouvement, & si les Cavaliers s'alignent correctement après la conversion.

Observations.

Toute espèce de rectification doit se faire, autant qu'il est possible, sans parler & par des signes ; mais si l'on est obligé de désigner un homme, il suffit d'indiquer, à voix basse, la place qu'il occupe dans le rang.

Les différentes attentions recommandées ci-dessus au Chef d'escadron, ne doivent point lui faire ralentir les commandemens *halte, à gauche en bataille & marche*, qui doivent se succéder aussi rapidement qu'il est possible.

Le Maréchal-des-logis qui doit se porter sur l'alignement des Guides, observera de prendre plutôt trop, que trop peu de terrain. Le conducteur de l'aile marchante du premier peloton doit avoir attention de ne se régler sur ce Maréchal-des-logis, que pour l'alignement, sans chercher à s'en rapprocher.

L'Escadron étant en bataille, le rompre à gauche par pelotons.

On commandera :

Garde à vous.

1.

Pelotons à gauche.

2.

MARCHE.

A la fin de la converſion, les Commandans de peloton commanderont, *HALTE, à droite* = *ALIGNEMENT* & *FIXE*. Le Maréchal-des-logis de l'aile droite paſſera en ſerre-file derrière le premier peloton. Tout le reſte s'exécutera en ſens contraire, d'après les principes établis pour rompre à droite.

Marcher en colonne par pelotons, la gauche en tête.

On fera marcher l'eſcadron *la gauche en tête*, d'après les mêmes principes qui viennent d'être détaillés, pour marcher *la droite en tête.*

L'Eſcadron marchant en colonne, la gauche en tête, le mettre en bataille à droite.

On arrêtera la colonne par les mêmes commandemens qui ont été preſcrits lorſqu'elle marchoit *la droite en tête.* On commandera enſuite :

1.

À droite en bataille.

2

MARCHE.

Au premier commandement, le Maréchal-des-logis de l'aile gauche ſe portera ſur l'alignement des Brigadiers guides de la colonne ; & la converſion finie, les Chefs de pelotons commanderont, *HALTE, à gauche* = *ALIGNEMENT.*

Pendant la durée de la converſion, le Maréchal-des-logis de l'aile droite reprendra ſa place de bataille.

L'alignement fini, le Chef d'eſcadron commandera *FIXE,* pour replacer les têtes directes. On répétera les mêmes mouvemens au trot, à droite & à gauche.

Nota. Si l'on avoit rompu par diviſions, on ſe remettroit en bataille, d'après les mêmes principes.

Rompre

Rompre par la droite pour marcher vers la gauche.

Le Chef d'escadron commandera :

Garde à vous.

I.

Pelotons, rompez par la droite pour marcher vers la gauche.

A ce commandement, le Commandant du premier peloton commandera, *peloton en avant*, MARCHE ; puis après avoir marché *dix pas* en avant, *tournez* = À GAUCHE & *en* = AVANT.

Les autres Chefs de pelotons feront exécuter successivement à leur peloton, ce qui vient d'être préscrit pour le premier : ils auront attention de faire le commandement de manière à prendre leurs distances dans la colonne.

Changer d'allure en marchant en colonne.

On fera passer la colonne successivement du pas au trot, & du trot au pas.

Observations.

Le Chef d'escadron veillera à ce que toutes les subdivisions de la colonne arrètent, marchent & changent d'allure toujours toutes à-la-fois ; & dans le cas contraire, il fera, ainsi que dans toutes les instructions de détail, arrèter, pour expliquer ce qui n'auroit pas été bien entendu, & faire recommencer ce qui n'auroit pas été bien exécuté.

Lorsque les pelotons auront pris de l'ensemble en marchant en colonne, on pourra, pour leur apprendre à remédier aux à-coups qui arrivent quelquefois dans les colonnes considérables, & pour les confirmer dans les principes donnés, commander au dernier peloton de ralentir son allure seulement pendant quelques pas. On fera exécuter la même chose au troisième peloton, ce qui obligera le quatrieme d'en faire autant ; & après avoir

N

ainsi rendu sensible l'inconvénient qui proviendroit de cette irrégularité d'allure, les pelotons qui auront ralenti, reprendront leur distance. On suivra cette méthode successivement pour tous ceux de la colonne.

On pourra aussi faire augmenter & diminuer insensiblement l'allure à la tête de la colonne, sans commandement, afin de juger de l'attention des Guides, & de les habituer à regarder devant eux, pour suivre toutes les différentes progressions d'allure que prendront les subdivisions qui les précèdent.

La tête de la colonne ne doit pas répéter coup sur coup ces changemens. Il est nécessaire dans les premiers momens d'en faire peu d'usage, & de ne les augmenter qu'insensiblement, & à mesure que l'escadron y sera plus habitué.

Changer de direction par des conversions successives.

Le Chef d'escadron donnera ses ordres au Commandant de la première subdivision de la colonne, & celui-ci commandera :

I.

Tournez = À DROITE.

2.

En = AVANT.

Chaque Commandant de subdivision fera successivement les mêmes commandemens, à mesure que la subdivision arrivera dans le point où aura tourné la première.

Ce mouvement s'exécutera d'après les principes donnés précédemment.

Observations.

Au moment du changement de direction, le Chef

d'escadron donnera un nouveau point de vue au Brigadier guide de la première subdivision, & l'indiquera en
même temps à celui de la seconde.

L'observation exacte des distances après les changemens de direction, tient à l'égalité que les différentes
subdivisions de la colonne doivent mettre dans le doublement de l'allure prescrite aux ailes marchantes. Il est
donc important que la première troupe de la colonne
ne tourne ni trop vivement, ni trop lentement, & que
chaque subdivision règle le degré de vitesse de sa conversion, bien exactement sur celle de la subdivision qui
la précède.

Le Chef d'escadron ordonnera ensuite au Commandant de la première subdivision de changer de direction
à gauche, & celui-ci commandera :

I.

Tournez = à *GAUCHE.*

2.

En = *AVANT.*

Ce mouvement s'exécutera d'après les mêmes principes.

Au lieu de prévenir le Commandant de la première
subdivision du changement de direction qu'il doit exécuter,
le Chef d'escadron pourra, s'il le juge à propos, faire
lui-même le commandement d'avertissement, *tournez à
droite* ou *tournez à gauche*, sans le couper ; il sera alors
répété & exécuté comme il vient d'être expliqué.

Si après avoir rompu à droite ou à gauche de pied
ferme, on veut diriger la colonne vers un point quel-
conque placé à sa droite ou à sa gauche, on lui fera
changer de direction par les commandemens, & d'après
les principes qui viennent d'être détaillés.

La première subdivision de la colonne exécutera alors sa
conversion à pivot mouvant : toutes les autres subdivisions

marcheront en avant & viendront tourner dans le même point où aura tourné la première.

Changer de direction en marchant en colonne par pelotons, pour faire face du côté opposé à la direction de la colonne.

On commandera :

Garde à vous.

1.

Pelotons, demi-tour-à-droite.

2.

MARCHE.

Au premier commandement, l'aile de chaque peloton qui doit servir de pivot dans la conversion, se préparera à arrêter, sans cependant ralentir son allure.

Au second commandement, les pivots arrêteront ; les ailes marchantes tourneront à l'allure dont la colonne marchoit précédemment : elles observeront toutes de se régler sur celle du peloton qui est à la tête de la colonne, afin d'arriver en même temps que lui à l'emboîtement. A la fin du premier quart de conversion, en commençant le déboîtement, elles se régleront sur l'aile marchante de la subdivision qui doit avoir la tête de la colonne, après que le second quart de conversion sera terminé.

Le second quart de conversion étant près de finir, le Commandant de l'escadron commandera, *en == AVANT*, ce qui sera répété par tous les Chefs de pelotons, & le mouvement s'exécutera comme il est prescrit à *l'article 4 de ce Titre*. Le Maréchal - des-logis de l'aile droite de l'escadron passera alors en serre-file derrière le premier peloton, & le Maréchal-des-logis de l'aile gauche reprendra sa place de bataille.

Le Capitaine & le Sous-lieutenant de remplacement, ainsi que le second Lieutenant de la seconde division, feront chacun un demi-tour-à-droite en gagnant vers

leur

leur droite, la longueur du front d'un peloton, & resteront toujours sur le flanc opposé au coté des guides.

On fera ensuite exécuter à la colonne un changement de direction semblable, par le commandement, *pelotons . demi-tour-à-gauche MARCHE.* Ce mouvement s'exécutera d'après les mêmes principes.

Observations.

Si la colonne marchoit au trot ou au galop, on la remettroit au pas avant d'exécuter ce mouvement.

L'on fera arrêter la colonne.

Changer de direction, la Colonne étant arrêtée.

On placera le premier peloton de la colonne par un à gauche dans la direction que l'on se propose de prendre, & l'on commandera :

I.

Colonne par la droite, prenez la direction de la tête.

2.

M A R C H E.

Au premier commandement, les Commandans des trois derniers pelotons commanderont, *par file à droite.*

Au second commandement, ils répéteront, *MARCHE.* Pendant la durée du mouvement, le Commandant de chaque peloton se placera à la gauche de l'homme du premier rang de son peloton, il le fera tourner à gauche plus ou moins pour le diriger à *cinq* ou *six pas* en arrière du point où le guide doit être placé dans la nouvelle direction. Il s'arrêtera de sa personne à sa distance, laissera longer son peloton, & commandera, *FRONT . HALTE,* après que le Brigadier de droite du peloton aura dépassé de deux files le Brigadier de droite du peloton qui le précède, ensuite, *à gauche == ALIGNEMENT,* quand toutes les files du peloton seront formées, puis, *FIXE.* Chaque peloton doit, pendant la durée du mouvement, conserver sa distance à gauche.

O

On répétera le même mouvement en sens contraire, & pour cela, on fera faire un *à droite* au premier peloton de la colonne. On commandera ensuite :

I.

Colonne par la gauche, prenez la direction de la tête.

2.

M A R C H E.

Les Commandans des trois derniers pelotons commanderont, *par file à gauche, MARCHE :* mais le Commandant du peloton qui va entrer dans la colonne, aura attention, en se portant sur la direction, de faire les commandemens de *FRONT, HALTE,* deux files avant d'arriver sur le guide du peloton qui le précède, afin de prendre la direction en avançant ; & le peloton formé, il commandera, *FIXE.*

La Colonne étant arrêtée, lui faire gagner du terrain vers un de ses flancs.

L'on exercera aussi l'escadron à gagner du terrain vers un de ses flancs, étant en colonne, sans changer la direction de la tête ; on fera pour cela exécuter à toutes les subdivisions de la colonne à la fois, les mouvemens indiqués à *l'article 6 du présent Titre.* Dans ce cas, les Chefs de peloton se porteront à la file droite ou gauche, suivant le côté par lequel on marche, pour assurer la distance & la direction.

L'Escadron étant en colonne par pelotons, le former en avant en bataille.

On commandera :

Garde à vous.

I.

En avant en bataille.

2.

MARCHE.

Au premier commandement, le Commandant du premier peloton commandera, *peloton en avant*. Les Commandans des trois autres pelotons commanderont, *pelotons, demi-à-gauche.*

Au second commandement, le premier peloton marchera *quinze pas en avant*, fera *halte*, & s'alignera à droite au commandement de son chef. Chacun des autres Commandans de peloton, après que le demi-à-gauche sera exécuté, commandera, *en = AVANT, guide à DROITE.* Quand la file droite de son peloton sera près d'arriver dans la direction de la file gauche du peloton qui est à sa droite, il commandera, *demi = À DROITE, en = AVANT,* & *HALTE*, à hauteur des serre-files, ensuite *à droite = ALIGNEMENT.*

Rompre par la gauche pour marcher vers la droite.

Le Chef d'escadron commandera :

Garde à vous.

I.

Pelotons, rompez par la gauche pour marcher vers la droite.

A ce commandement, le Commandant du quatrième peloton commandera, *peloton en avant, MARCHE;* puis après avoir marché *dix pas* en avant, *tournez = À DROITE* & *en = AVANT.*

Les autres Chefs de peloton feront exécuter successivement à leur peloton ce qui vient d'être prescrit pour le quatrième. Ils auront attention de faire leurs commandemens de manière à prendre leurs distances dans la colonne.

L'on exécutera, *la gauche en tête*, les marches en

colonne, & les divers changemens de direction qui viennent d'être exécutés, *la droite en tête*, & d'après les mêmes principes. On fera ensuite reformer l'escadron *en avant en bataille*, ce qui s'exécutera en sens contraire, ainsi qu'il vient d'être détaillé.

On ezécutera au trot les mêmes mouvemens.

Rompre en arrière par la droite pour marcher vers la gauche.

Le Chef d'escadron commandera :

Garde à vous.

1.

Pelotons, rompez en arrière par la droite pour marcher vers la gauche.

A ce commandement, le Chef du premier peloton commandera, *peloton demi-tour à droite*, MARCHE en == AVANT; puis après avoir marché *dix pas, tournez* == *à DROITE* & *en* == AVANT.

Les autres Chefs de pelotons feront ezécuter successivement les mêmes mouvemens, de manière à prendre leurs distances dans la colonne. Ils observeront de faire leurs commandemens très-promptement, sans cela les distances s'alongeroient.

L'Escadron marchant en colonne par pelotons, la droite en tête, lui faire gagner du terrain vers un de ses flancs.

On commandera, *oblique à droite*, MARCHE; ensuite, après avoir marché quelque temps de cette manière, on commandera, *en* == AVANT.

Ensuite, *oblique à gauche*, MARCHE; & après avoir marché ainsi quelque temps, on commandera, *en* == AVANT.

Observations.

Observations.

Le Chef d'escadron doit veiller, dans ce mouvement, à ce que le Brigadier de la droite du second peloton déborde de deux files le Brigadier de droite du premier peloton, & que tous les autres Brigadiers des autres pelotons de l'escadron, se dirigent sur celui de ce second peloton.

Si au contraire on obliquoit à gauche, le Brigadier de gauche du second peloton marcheroit de deux files en dedans de la direction du Brigadier de gauche du premier peloton. Tous les autres Brigadiers se dirige-roient sur celui du second peloton.

On répétera ces deux mouvemens au trot, & on arrêtera la colonne.

L'Escadron étant en colonne par pelotons, la droite en tête, le mettre en bataille, faisant face au côté opposé à la direction de la colonne.

On commandera :

Garde à vous.

I.

En avant, ordre inverse en bataille.

2.

MARCHE.

Au premier commandement, le Commandant du premier peloton commandera, *peloton en avant*, & ceux des trois autres, *peloton demi-à-droite*.

Au second commandement, le premier peloton se portera *quinze pas* en avant & fera *halte*. Tous les autres feront un *demi-à-droite*, se porteront en avant, & se mettront successivement en bataille par un *demi-à-gauche*, sur l'alignement du premier. Ces mouvemens s'exécuteront au commandement de chaque Chef de peloton.

P

L'escadron étant formé, le Chef d'escadron commandera, *pelotons demi-tour à gauche*, MARCHE, HALTE *à droite* = ALIGNEMENT *&* FIXE, ce qui s'exécutera d'après les principes donnés précédemment.

Rompre en arrière par la gauche pour marcher vers la droite.

Le Chef d'escadron commandera :

Garde à vous.

I.

Pelotons, rompez en arrière par la gauche pour marcher vers la droite.

A ce commandement, le Chef du quatrième peloton commandera, *peloton demi-tour à gauche*, MARCHE *en* = AVANT.

Les autres Chefs de peloton feront exécuter succeffivement les mêmes mouvemens, de manière à prendre leurs diftances dans la colonne.

L'efcadron marchant en colonne par pelotons, la gauche en tête, lui faire gagner du terrain vers un de fes flancs.

On commandera, *oblique à gauche*, MARCHE, puis *en* = AVANT. On fera *obliquer à droite*, & l'on répétera ces deux mouvemens au trot, après quoi l'on arrêtera la colonne.

L'Efcadron étant en Colonne par pelotons, la gauche en tête, le mettre en bataille, faifant face au côté oppofé à la direction de la Colonne.

Cette manœuvre s'exécutera d'après les mêmes principes par les mouvemens contraires.

*L'Escadron marchant en Colonne par pelotons, le
mettre en bataille, sans arrêter la Colonne.*

L'escadron ayant été exercé à rompre & à se former
en bataille de pied-ferme à droite & à gauche, on exécutera les mêmes mouvemens en marchant à toute forte
d'allure, & sans faire arrêter. Alors, au lieu du commandement *halte*, on fera le commandement *en* = AVANT
qui servira à replacer les têtes directes.

*L'Escadron marchant en Colonne par pelotons, le
mettre en bataille du côté opposé aux Guides,
sans arrêter la Colonne.*

La colonne marchant la droite en tête, on fera former
à droite en bataille, & l'on commandera :

1.

À droite, ordre inverse en bataille.

2.

M A R C H E.

3.

En = AVANT.

4.

Guide = à GAUCHE.

On fera ensuite former à gauche en bataille, en
marchant *la gauche en tête,* par les commandemens :

1.

À gauche, ordre inverse en bataille.

2.

M A R C H E.

3.
En = *AVANT*.

4.
Guide = à *DROITE*.

Observations.

Les Maréchaux-des-logis de la droite & de la gauche se porteront aux ailes de l'escadron : tous les autres Officiers & bas Officiers resteront à leur place de bataille.

Le Capitaine & le Sous-lieutenant de remplacement, ainsi que le second Lieutenant de la seconde division, passeront au flanc gauche de la colonne, au commandement, *à droite, ordre inverse en bataille ;* ou au flanc droit, au commandement, *à gauche, ordre inverse en bataille.*

Un escadron ainsi inverti, ne fera aucune évolution, qu'après s'être remis dans l'ordre naturel.

Ces mouvemens s'exécuteront, sans arrêter, au pas & au trot.

L'Escadron marchant en colonne par pelotons, le mettre en bataille en avant, sans arrêter la Colonne.

On fera exécuter au trot & en marchant, les mouvemens d'en avant en bataille, mais on arrêtera toujours à la fin du mouvement.

On exercera aussi l'escadron à se former en bataille sur une ligne donnée, & pour cela on placera deux bas Officiers se faisant face l'un à l'autre, en avant de la colonne, à la distance du front d'un escadron, & dans une direction parallèle ou oblique, relativement à celle de la colonne. La première subdivision de cette même colonne, arrêtera à hauteur de ces bas Officiers, & s'alignera parallèlement à eux, de manière que la tête

du

du cheval du Brigadier de l'aile sur laquelle on doit
s'aligner, se trouve à hauteur de la botte du Maréchal-
des-logis placé dans un des points. Les autres subdivisions viendront se former & s'aligner sur celle-là.

Passage d'obstacles ou de défilés en colonne avec distance.

Pour exercer l'escadron *au passage d'obstacles* ou *de
défilés*, en marchant en colonne, on commencera par
rompre à droite par pelotons & faire marcher la colonne:
si le terrain ne présente point d'obstacles, on fera marquer par un Maréchal-des-logis, l'endroit où l'on suppose
qu'il s'en présente un, & celui où l'on suppose qu'il finit.

L'Escadron marchant en colonne par pelotons, la droite en tête, faire dédoubler par sections, & reformer les pelotons.

Lorsque la première subdivision de la colonne arrivera au
bas Officier qui désigne le commencement de l'obstacle,
l'Officier qui conduit cette subdivision commandera:

Garde à vous.

1.

Par sections, rompez le peloton.

2.

MARCHE.

Au second commandement, les files qui composent
la première section du premier peloton continueront de
marcher: celles qui composent la seconde section, après
avoir ralenti pour se déboîter, obliqueront à droite, en
augmentant leur allure, pour se former derrière la première section, sans laisser de distance.

Tous les autres pelotons exécuteront ce mouvement
à mesure qu'ils arriveront au bas Officier qui indique
le commencement de l'obstacle.

Q

Les Commandans de pelotons & les serre-files qui dans ce mouvement ne peuvent rester à leur place, se porteront sur le flanc de la colonne à hauteur de leur subdivision; savoir, les Commandans de pelotons au flanc gauche, & les serre-files au flanc droit.

Aussitôt que le peloton de la tête de la colonne arrivera à hauteur du bas Officier qui désigne la fin de l'obstacle, l'Officier qui conduit la première subdivision, commandera :

Garde à vous.

I.

Formez le peloton.

2.

MARCHE.

Au second commandement, la section qui a doublé derrière l'autre, reprendra sa place en doublant son allure.

Toutes les autres subdivisions de la colonne exécuteront le même mouvement après avoir passé l'obstacle.

Les Commandans de pelotons & les serre-files reprendront leur place de bataille.

On fera exécuter ces doublemens & dédoublemens, l'escadron marchant au pas & au trot.

Observations.

Lorsqu'on dédouble par sections, il faut avoir la plus grande attention d'obliquer avec célérité & en gagnant du terrain en avant, sans quoi la colonne seroit obligée de se prolonger.

Il faut aussi, par la même raison, lorsqu'on est rompu par sections, que les rangs marchent près les uns des autres.

Cette attention doit être la même dans toutes les colonnes prolongées.

L'Escadron marchant en colonne par pelotons, la droite en tête, faire rompre par quatre, par deux & par un; marcher par deux, par quatre, & former les pelotons.

Pour exécuter ces mouvemens, on placera six Officiers ou bas Officiers à d'assez grandes distances les uns des autres, pour désigner l'endroit où l'obstacle oblige à rompre par quatre, celui où il se rétrécit de manière à forcer de marcher par deux, celui où se rétrécissant encore davantage, on se trouve forcé de marcher par un, celui où il se rélargit de manière à permettre de marcher par deux, celui où il se rélargit davantage de manière à permettre de marcher par quatre, & enfin celui où il se termine.

En arrivant au défilé, le Commandant de peloton qui aura la tête de la colonne commandera :

Garde à vous.

I.

Par quatre.

2.

M A R C H E.

Au second commandement, les quatre files de droite se porteront en avant, les quatre files qui étoient à leur gauche entreront dans la colonne par le mouvement d'oblique à droite. Il en sera de même de toutes celles du peloton les unes après les autres.

Les Commandans des autres pelotons feront rompre par quatre, à mesure qu'ils arriveront à l'endroit où a rompu le premier peloton.

Lorsque la colonne arrivera à hauteur du second Officier ou bas Officier, le Commandant du premier peloton commandera :

Garde à vous.

1.

Par deux.

2.

M A R C H E.

Au second commandement, les deux files de droite de la tête de la colonne se porteront en avant ; elles seront suivies par celles qui étoient à leur gauche, qui entreront dans la colonne par le mouvement d'oblique à droite. Il en sera de même de toutes celles du premier peloton, à mesure qu'elles arriveront à hauteur de l'Officier ou bas Officier près duquel les premiers ont dédoublé.

Tous les autres pelotons exécuteront le même mouvement de la même manière, & au même point où le premier l'aura exécuté.

Lorsque la colonne arrivera à hauteur du troisième Officier ou bas Officier, le Commandant du premier peloton commandera :

Garde à vous.

1.

Par un.

2.

M A R C H E.

Au second commandement, la file de droite de la tête de la colonne se portera en avant ; elle sera suivie par celle qui est à sa gauche, qui rentrera dans la colonne par le mouvement d'oblique à droite. Il en sera de même de toutes les autres du premier peloton, à mesure qu'elles arriveront à hauteur du bas Officier près duquel les premieres ont dédoublé.

Tous les autres pelotons exécuteront le même mouvement de la même manière & au même point où le premier l'aura exécuté.

Lorsque l'Officier qui commande le premier peloton aura dépassé le quatrième Officier ou bas Officier d'un

nombre

nombre de pas suffisant pour que son peloton ait l'espace nécessaire pour se former par deux, il commandera :

Garde à vous.

1.

Par deux.

2.

MARCHE.

Au second commandement, toutes les files du premier peloton, excepté la première, doubleront leur allure pour se former par deux, les unes derrière les autres : elles reprendront celle du pas, à mesure qu'elles arriveront à la distance prescrite entre les rangs.

Le premier peloton étant formé par deux, continuera de marcher en ralentissant le pas, jusqu'à ce qu'il ait parcouru le terrain nécessaire, pour que les trois autres pelotons puissent se former par deux ; alors le Chef d'escadron le fera arrêter, afin de donner aux autres le temps de serrer à leur distance.

Tous les pelotons se formeront par deux, comme le premier de la colonne, & au même point où il s'est formé ; lorsqu'ils le feront, ils reprendront leur distance au pas, & se régleront ensuite sur l'allure de ceux qui les précédent.

Aussitôt que le quatrième peloton sera formé *par deux*, & aura joint les trois autres, le Chef d'escadron remettra la colonne en marche.

Lorsque l'Officier qui commande le premier peloton aura dépassé le cinquième Officier ou bas Officier, d'un nombre de pas suffisant pour que son peloton ait l'espace nécessaire pour se former *par quatre*, il commandera :

Garde à vous.

1.

Par quatre.

R

2.

MARCHE.

Au second commandement, toutes les files du premier peloton, excepté les deux premières, doubleront leur allure pour se former par quatre les unes derrière les autres ; elles reprendront celle du pas à mesure qu'elles arriveront à la distance prescrite entre les rangs.

Le premier peloton étant formé par quatre, continuera de marcher, en ralentissant le pas, jusqu'à ce qu'il ait parcouru le terrain nécessaire pour que les trois autres pelotons puissent se former par quatre.

Alors le Chef d'escadron le fera arrêter afin de donner aux autres le temps de serrer à leur distance.

Tous les pelotons se formeront par quatre, comme le premier de la colonne, & au même point où il s'est formé ; lorsqu'ils le seront, ils reprendront leur distance au pas, & se régleront ensuite sur l'allure de ceux qui les précèdent.

Aussitôt que le quatrième peloton sera formé par quatre, & aura joint les trois autres, le Chef d'escadron remettra la colonne en marche.

Lorsque le Commandant de la première subdivision verra que le premier peloton aura dépassé le dernier Officier ou bas Officier qui désigne l'endroit où finit l'obstacle, il commandera :

Garde à vous.

1.

Formez le peloton.

2.

MARCHE.

Au second commandement, les quatre premières files continueront de marcher au pas, & toutes les autres files du même peloton viendront par le chemin le plus court,

& en doublant l'allure, se former à la gauche des quatre premières, elles reprendront le pas en y arrivant.

Le premier peloton étant formé, continuera de marcher en ralentissant le pas, jusqu'à ce qu'il ait parcouru le terrain nécessaire pour que les trois autres pelotons puissent se former aussi, afin de leur donner le temps de serrer à leur distance.

Tous les pelotons se formeront comme le premier de la colonne & au même point; ils reprendront leur distance au pas lorsqu'ils se seront formés, & se régleront ensuite sur l'allure de ceux qui les précèdent.

Aussitôt que le quatrième peloton sera formé & arrivé à sa distance, le Chef d'escadron remettra la colonne en marche.

L'Escadron marchant en colonne par pelotons, la droite en tête, le mettre en bataille sur son flanc droit, dans l'ordre naturel.

Le Chef d'escadron fera désigner vers le flanc droit de la colonne par deux bas Officiers qui se feront face l'un à l'autre, l'alignement sur lequel il voudra former son escadron : il aura soin que ces bas Officiers soient à la distance du front d'un escadron l'un de l'autre, & que le plus rapproché de la colonne, soit au moins à *douze* ou *quinze pas* en avant de la première subdivision, & à *trente pas* de son flanc droit; il commandera :

Garde à vous.

I.

Sur la droite en bataille.

2.

M A R C H E.

Au second commandement, le Commandant du premier peloton, commandera : *tournez* = *à DROITE,* tous les autres Commandans de pelotons commanderont : *Guides = à DROITE*, à mesure qu'ils arriveront à *quinze pas* de la droite de la ligne.

Le premier peloton exécutera sa conversion & se portera en avant sur l'alignement des Maréchaux-des-logis, de manière que le Brigadier de droite du premier peloton, soit vis-à-vis du bas Officier qui étoit le plus rapproché de la colonne, la tête de son cheval touchant la botte de ce bas Officier; le peloton s'alignera correctement, & le Chef d'escadron se portera à la droite pour y veiller.

Chacun des autres pelotons tournera à droite de la même manière que le premier, à mesure que le Brigadier de l'aile droite sera prêt d'arriver à hauteur du Brigadier de l'aile gauche du peloton qui doit être placé à sa droite : la conversion finie, il se portera en avant, arrêtera à hauteur des serre-files, & s'alignera. Tous ces mouvemens s'exécuteront au commandement du Chef de chaque peloton.

Observations.

Les Cavaliers doivent observer, en se formant sur la droite en bataille, de ne point se jeter du côté de la nouvelle ligne de bataille, ni du côté opposé, mais de suivre toujours une direction parallèle à celle dans laquelle l'escadron doit être placé.

Lorsque ce mouvement s'exécute à une allure vive, il faut que le pivot de chaque subdivision qui converse, décrive un arc-de-cercle assez alongé, & que l'aile marchante tourne avec assez de rapidité, pour que le reste de la colonne ne soit pas arrêté dans sa marche.

On rompra ensuite par pelotons à gauche, & l'on mettra la colonne en marche.

L'Escadron

L'Escadron marchant en colonne par pelotons, la gauche en tête, faire dédoubler par sections, & reformer les pelotons.

On commandera :

Garde à vous.

I.

Par sections, rompez le peloton.

2.

MARCHE.

La deuxième section du quatrième peloton se portera en avant, & la première obliquera à gauche pour se porter derrière elle en augmentant l'allure. Il en sera de même des sections de chacun des pelotons de la colonne.

Tout le reste s'exécutera d'après les mêmes principes qui ont été donnés pour les colonnes marchant la droite en tête.

On reformera les pelotons aussi d'après les mêmes principes.

L'Escadron marchant en colonne par pelotons, la gauche en tête, faire rompre par quatre, par deux & par un, marcher par deux, par quatre, & former les pelotons.

On fera les mêmes dispositions que pour les passages d'obstacles, la droite en tête, & l'on commandera :

Garde à vous.

I.

Par la gauche, par quatre.

2.

MARCHE.

S

Au second commandement, les quatre files de gauche se porteront en avant, & seront suivies des autres de gauche à droite.

On fera marcher par deux, par un, doubler par deux, par quatre, & former les pelotons, par les mêmes commandemens, & d'après les mêmes principes qui ont été donnés pour les colonnes qui ont la droite en tête, excepté qu'on commandera *par la gauche par deux*, & *par la gauche par un*.

L'Escadron marchant en colonne par pelotons, la gauche en tête, le mettre en bataille sur son flanc gauche, dans l'ordre naturel.

Les pelotons étant formés, on placera deux bas Officiers en avant du flanc gauche de la colonne, & l'on commandera :

Garde à vous.

1.

Sur la gauche en bataille.

2.

MARCHE.

Ce mouvement s'exécutera de la même manière qui vient d'être prescrite pour se former sur la droite lorsque la colonne avoit la droite en tête.

Marcher en colonne serrée, la colonne marchant par pelotons, la droite en tête, faire former l'escadron.

Pour préparer les pelotons à ce qu'ils auront à exécuter, lorsqu'on voudra former *la colonne serrée*, on commandera :

Garde à vous.

1.

Formez l'escadron.

2.

MARCHE.

Au premier commandement, le Commandant du premier peloton commandera : *peloton en avant*, sans changer d'allure : les Commandans des trois autres pelotons commanderont : *pelotons, demi-à-gauche, au trot.*

Au second Commandement répété par tous les Commandans de peloton, le mouvement s'exécutera comme il est prescrit au *présent Titre, article 7*, au mouvement d'en avant en bataille.

L'Escadron marchant de front, le rompre en avant par pelotons.

La colonne étant supposée marcher la droite en tête, on commandera :

Garde à vous.

I.

Par pelotons, rompez l'escadron.

2.

MARCHE.

Au premier commandement, le Commandant du premier peloton, commandera : *peloton en avant.*

Les Commandans des trois autres pelotons commanderont, *peloton demi-à-droite.*

Au second commandement, le premier peloton se portera en avant ; tous les autres pelotons exécuteront un demi-à-droite, & marcheront ensuite en avant pour entrer successivement par un demi-à-gauche, dans la direction du premier peloton.

Tous ces mouvemens s'exécuteront au commandement du Chef de chaque peloton.

Les premiers pelotons continueront la même allure, les autres pelotons ralentissant un peu la leur.

On reformera ensuite l'escadron comme il a été prescrit précédemment.

Puis on le fera rompre de nouveau, en supposant que la colonne marche la gauche en tête.

Ce mouvement s'exécutera au commandement :

I.

Par la gauche, par pelotons, rompez l'escadron.

2.

MARCHE.

D'après les mêmes principes qui viennent d'être détaillés, en observant que le quatrième peloton marchera droit devant lui, & que les autres se formeront en colonne derrière lui, par des demi-à-gauche & des demi-à-droite.

La colonne marchant par pelotons, la gauche en tête,

faire former l'Escadron.

L'escadron marchant en colonne par pelotons, la gauche en tête, on le fera former par les mêmes commandemens & par les mêmes principes que s'il marchoit en colonne la droite en tête, en employant les moyens contraires.

Observations.

Les formations d'escadron pourront s'exécuter la colonne marchant au trot.

On pourra aussi rompre l'escadron en avant pendant qu'il marchera au trot, ou sans qu'il soit en marche, & cela s'exécutera d'après les mêmes principes.

Changer de direction en colonne serrée par des

conversions successives.

Les changemens de direction successifs que l'escadron pourroit avoir à exécuter en colonne serrée, se feront toujours à pivot mouvant, le pivot décrivant un arc de cercle de *dix-huit pas*, & ralentissant l'allure en raison de l'étendue du front de l'escadron. Ce mouvement a été détaillé dans *l'article 4 de ce Titre.*

Gagner

Gagner du terrain vers un de ses flancs en marchant en colonne serrée.

Si l'on vouloit gagner du terrain vers la droite, ou vers la gauche, sans se porter en avant, on emploiroit les moyens indiqués à *l'article de la marche de flanc.*

Gagner du terrain en arrière, en marchant en colonne serrée.

On exercera l'escadron à se porter en arrière, comme il le seroit étant en colonne serrée, & pour cela l'escadron étant en bataille, on commandera :

Garde à vous.

1.

Demi-tour à droite par quatre.

2.

MARCHE.

Au second commandement, chaque rang exécutera son demi-tour à droite par quatre, d'après les principes établis dans l'*École du Cavalier*, à la *sixième leçon de l'article 2 du Titre II.*

La conversion étant près de finir, on commandera :

En = AVANT.

A ce commandement, tous les Cavaliers se porteront droit devant eux dans la nouvelle direction : les serre-files marcheront alors à la tête de l'escadron, & les Officiers qui étoient devant le front, se trouveront en serre-file. Les Maréchaux-des-logis de la droite & de la gauche resteront aux ailes de l'escadron, & se porteront à hauteur du second rang devenu le premier. Après avoir marché quelque temps en arrière, on commandera :

1.

Demi-tour à droite par quatre.

T

2.

MARCHE.

3.

En ═ AVANT.

Au second commandement, les Cavaliers exécuteront un second demi-tour à droite par quatre de chaque rang.

Au troisième commandement, ils se porteront en avant comme il a été dit ci-dessus.

Observations.

Ces mouvemens exigent de la part des Cavaliers de chaque rang la plus grande attention, & le plus grand calme dans l'exécution.

On y exercera l'escadron en marchant au pas & au trot.

Les pivots de chaque rang de quatre doivent observer de ranger les hanches de leurs chevaux avec assez de promptitude, pour faciliter l'emboîtement.

Les ailes marchantes doivent aussi ne prendre ni trop ni trop peu de terrain. Les conversions doivent s'exécuter à pivot fixe & avec beaucoup de calme ; sans cela, elles occasionneroient du désordre.

Changer de direction en colonne serrée, pour faire face au côté opposé à la marche.

On commandera :

Garde à vous.

1.

Contre-marche par l'aile droite.

Immédiatement après ce commandement, le Chef d'escadron commandera :

1.

Par files ═ à DROITE.

2.

MARCHE.

Au premier commandement, tous les Officiers & bas Officier placés en serre-file passeront à l'aile gauche de l'escadron. Le Maréchal-des-logis attaché au quatrième peloton, le Sous-lieutenant attaché au troisième, & le Sous-lieutenant de remplacement à la hauteur du premier rang ; le second Lieutenant de la seconde subdivision, le Sous-lieutenant attaché au second peloton, & le Maréchal-des-logis attaché au premier à la hauteur du second rang ; le Capitaine de remplacement à la gauche de ces serre-files. Le Cavalier de la droite de chaque rang sera un à droite, celui du second rang se joignant dans son mouvement à celui du premier.

Au second commandement, ces deux Cavaliers tourneront à droite, celui du premier rang se portera en avant de celui du second rang, qui reprendra sa place derrière lui.

Le Chef d'escadron leur commandera, *halte*, de manière que la tête du cheval de l'homme du premier rang, soit à *six pas* en arrière de l'alignement donné par la croupe des chevaux du second rang de l'escadron, & à la botte du Maréchal-des-logis de l'aile droite, qu'il aura placé d'avance à *six pas* de la droite de l'escadron.

Tous les Cavaliers de l'escadron suivront exactement & promptement les mouvemens des Cavaliers de droite de chaque rang, & se formeront sur la droite en bataille, dans une direction parallèle à celle dans laquelle l'escadron étoit placé, de manière à se trouver d'un front d'escadron vers la droite, en dehors de la position qu'il occupoit.

Les Officiers qui sont placés à la tête des escadrons suivront les mouvemens des Cavaliers, observant de rester par le flanc jusqu'à ce que l'escadron soit entièrement formé & aligné.

Les Officiers & bas Officiers de serre-file suivront le mouvement derrière les Cavaliers de l'aile gauche, & reprendront leur place à mesure qu'ils y arriveront.

Après que l'escadron sera formé & aligné, son Chef commandera, *FIXE*.

A ce commandement, les Officiers qui font placés à la tête de l'escadron, feront un à gauche.

On répétera le même mouvement par la gauche, & pour cela on commandera :

Garde à vous.

1.

Contre-marche par l'aile gauche.

Immédiatement après ce commandement, le Chef d'escadron commandera :

1.

Par file = À GAUCHE.

2.

MARCHE.

Ce mouvement s'exécutera en sens contraire, d'après les mêmes principes que le précédent.

Lorsque les Cavaliers auront exécuté *la contre-marche* au pas par l'aile droite, on la leur fera répéter au trot.

On pourra aussi exécuter ce mouvement de la manière suivante ; mais on ne fera usage de ce second moyen, que dans la supposition où il se trouveroit aux flancs des obstacles qui ne permettroient pas de l'exécuter autrement.

Alors on commandera :

Garde à vous pour la contre-marche.

Immédiatement après, le Chef d'escadron commandera :

1.

Par file = À DROITE.

2.

MARCHE.

Au premier commandement, tous les serre-files passeront à la gauche dans l'ordre qui a été indiqué précédemment : le Maréchal-des-logis qui est à la droite de l'escadron,

ira

ira se placer derrière le bas Officier de l'aile gauche
faisant face en arrière, la croupe de son cheval à six pas
du second rang : le Cavalier de la droite de chaque rang
fera un à-droite, celui du second rang se joignant dans
son mouvement à celui du premier.

Au second commandement, ces deux Cavaliers conver-
seront ensemble à droite, ils passeront près de la croupe
des chevaux du second rang ; & lorsqu'ils seront près
d'arriver à la hauteur du bas Officier qui indique la place
où ils doivent s'arrêter, le Chef d'escadron commandera:
FRONT, HALTE, ce qui s'exécutera de la manière prescrite
à la *marche de flanc*. Toutes les autres files suivront successivement la même piste, se dégageant du rang par un
à-droite par homme, & conversant ensuite ensemble, elles
iront légèrement gagner leur rang. Les Officiers qui sont
placés à la tête de l'escadron, ainsi que les Officiers &
bas Officiers de serre-file, se conformeront à ce qui est
prescrit à la contre-marche par l'aile droite.

Observations.

Dans les évolutions, la contre-marche s'exécutera
toujours au trot.

On ne sauroit dans ce mouvement se mettre en file
& se former avec trop de célérité.

Le Chef d'escadron doit avoir attention de faire
prendre aux Cavaliers une direction bien parallèle à celle
qu'occupoit précédemment l'escadron, & de les placer
en arrière exactement à la distance prescrite : il doit se
porter à l'aile par laquelle s'exécute la contre - marche
pour veiller à ces deux objets importans.

ARTICLE 8.

Instruction de l'Escadron relative à la Marche en bataille.

Des passages d'obstacles dans la Marche en bataille.

LES Cavaliers seront exercés *aux passages d'obstacles*
dans la marche en bataille, ainsi qu'il suit :

U

L'escadron marchant en bataille, soit que l'obstacle soit réel ou supposé, le Chef d'escadron commandera:

Obstacle.

1.

Premier Peloton.

2.

H A L T E.

Au second commandement, l'Officier qui commande le premier peloton, répétera, *halte*, & commandera immédiatement après, *oblique à gauche, au trot* ou *au galop,* M A R C H E.

Lorsque le premier peloton se trouvera exactement derrière le second, le même Officier commandera: *en* = *AVANT* pour faire reprendre la marche directe.

Quand le Chef d'escadron jugera que le peloton pourra rentrer à sa place, il commandera:

1.

Premier Peloton.

2.

E N   L I G N E.

Au second commandement, le Commandant du premier peloton commandera, *oblique à droite, au trot* ou *au galop,* M A R C H E : & lorsqu'il sera arrivé vis-à-vis du terrain qu'il devra occuper, le même Officier commandera, *en* = *AVANT;* à ce commandement, les Cavaliers alongeront suffisamment pour regagner leur place.

On fera exécuter le même mouvement au second peloton qui se mettra en colonne comme le premier, en obliquant à gauche.

Puis au troisième & au quatrième qui se mettront en colonne en obliquant à droite.

On fera ensuite arrêter le premier peloton, puis le second, & enfin le troisième, sans en faire rentrer aucun

en ligne. On les fera rentrer fucceffivement dans la
même progreffion.

On fera exécuter par la gauche ce qui vient d'être
preferit par la droite, puis on le répétera en marchant
au trot.

Lorfque les pelotons refteront en arrière, leur
Commandant fe placera fur le flanc, & les pelotons
n'obferveront entr'eux aucune diftance. Les ferre-files
fe placeront auffi fur les flancs de pelotons.

Obfervations.

Les Commandans de pelotons doivent avoir la plus
grande attention de faire rapidement les divers commandemens qui viennent d'être preferits, & de faire
forcer un peu le degré d'obliquité, pour que le mouvement foit plus promptement exécuté.

Lorfque plufieurs pelotons doivent refter en colonne
l'un derrière l'autre, chaque Officier doit avoir attention
de faire fuivre exactement & promptement à fon peloton,
tous les mouvemens de celui qui le précède.

De la Marche rétrograde.

L'efcadron devant être exercé à marcher en arrière
ainfi que de front, on commandera, quand on voudra
marcher en arrière :

Garde à vous.

1.

Pelotons, demi-tour à droite.

2.

MARCHE

Au fecond commandement, les pelotons exécuteront
leur demi-tour à droite, les feconds rangs ayant attention
de ranger les hanches de leurs chevaux, & les ailes
marchantes de ne pas emboîter trop vivement.

La converſion étant près de finir, on commandera:

En = AVANT.

L'eſcadron reprendra la marche directe. Après avoir marché quelque temps en arrière, on ſera les mêmes commandemens pour revenir du côté où l'on marchoit précédemment. On fera par la gauche ce qui vient d'être expliqué par la droite, & cela s'exécutera en ſens contraire, d'après les mêmes principes.

Pendant la durée de la marche rétrograde, les Maréchaux-des-logis de la droite & de la gauche reſteront ſur les ailes de l'eſcadron. Tous les autres Officiers & bas Officiers à leur place de bataille. Le Capitaine & le Sous-lieutenant de remplacement, ainſi que le ſecond Lieutenant de la ſeconde diviſion, ayant ſoin de paſſer derrière le front pendant la durée de la converſion.

On fera exécuter ces mouvemens de pied ferme, puis en marchant au pas & au trot.

Obſervations.

Dans ces mouvemens, les pivots arrêteront au commandement *marche*, & les Cavaliers du ſecond rang, rangeront les hanches de leurs chevaux.

Les ailes marchantes doivent faire leur déboîtement & leur emboîtement avec exactitude, & toujours ralentir un peu avant la fin de la converſion, pour que l'emboîtement puiſſe ſe faire enſemble.

Le Chef d'eſcadron obſervera de prononcer la première partie du commandement *en = avant*, un peu avant que la converſion ne finiſſe, afin de préparer les pivots à reprendre l'allure dont la troupe marchoit précédemment, à la ſeconde partie du même commandement.

Les Officiers qui ſont à la tête de l'eſcadron doivent alors ſe porter en avant, ſans cependant prendre tout de ſuite une allure trop vive.

École pour la Charge.

Les Cavaliers ayant été instruits à la *charge individuelle* dans l'*École du Cavalier*, on se conformera dans l'*École de l'Escadron*, à ce qui suit.

On placera l'escadron en bataille à l'extrémité d'un terrain qui présente une carrière suffisante & sans obstacles, & on fera mettre le sabre à la main, si les Cavaliers ne l'avoient pas précédemment.

Le Chef d'escadron ordonnera de faire charger les pelotons l'un après l'autre, en commençant par celui de la droite. Chaque peloton sera conduit par l'Officier qui le commande. Ce Chef d'escadron se portera ensuite à *trois cents soixante pas* en avant de son escadron, ayant un trompette auprès de lui.

Après que chaque peloton aura fait *cinquante pas* en avant, le Chef d'escadron fera sonner un demi-appel ; à ce signal, le Commandant du peloton commandera : *au trot*, MARCHE. *Cent cinquante pas* plus loin, le Chef d'escadron fera sonner un demi-couplet de la marche, & le Commandant du peloton commandera, *au galop*, MARCHE. *Quatre-vingts pas* plus loin, le Chef d'escadron fera sonner *la charge*, & le Commandant du peloton commandera, CHARGEZ : auquel commandement les Cavaliers prendront la position du sabre indiquée pour le premier & le second rangs dans la *septième leçon de l'article 2 du Titre II*. Ce même Officier, à douze ou quinze pas du Chef d'escadron, commandera :

Garde à vous.

1.

Peloton.

2.

H A L T E.

3.

Et *à droite* = A L I G N E M E N T.

X

Les pelotons s'aligneront successivement sur celui de la droite.

On fera gagner de nouveau l'extrémité du terrain à la totalité de l'escadron, & l'on fera exécuter par divisions les différentes progressions de la charge, d'après les signaux que le Chef d'escadron en fera donner par le Trompette.

On fera regagner de nouveau l'extrémité du terrain à la totalité de l'escadron, & on le fera *charger* ensemble, d'après les mêmes signaux ordonnés par le Chef d'escadron.

Lorsque l'escadron sera réuni, on prescrira à tous les Officiers placés devant le front, de répéter les commandemens, *garde à vous, escadron, halte.*

L'escadron ayant été exercé à charger par pelotons, par divisions & ensemble, en partant d'un point, on l'exercera à charger, après avoir marché en colonne avec ses distances, & fait à gauche en bataille.

On l'exercera aussi à charger après avoir marché obliquement par pelotons au pas & au trot, enfin à charger deux & même trois fois de suite, si le terrain le permet, en mettant seulement entre chaque simulacre de charge, le temps nécessaire pour aligner l'escadron.

Observations.

La charge étant à la guerre le mouvement décisif & par conséquent le plus important, on ne peut trop y exercer les Cavaliers.

On veillera, en donnant les principes de la charge, à ce que les files marchent bien droit. Si l'on s'aperçoit que les chevaux se traversent & que les Cavaliers du second rang ne suivent pas exactement leurs Chefs de file, il faut faire recommencer cette leçon jusqu'à ce que ce défaut soit corrigé.

Les Cavaliers changent quelquefois d'allure avant que cela soit ordonné ; il faut y veiller avec soin, & sur-tout obferver qu'ils n'abandonnent leurs chevaux qu'au commandement *chargez*.

Il eft important auffi d'exiger que les Cavaliers ne partent pas pour changer d'allure, à la fonnerie des trompettes, mais qu'ils attendent tous le commandement qui doit fuivre cette fonnerie.

Au commandement *garde à vous, efcadron*, il arrive fouvent que les Cavaliers ne ralentiffent pas affez pour mettre leurs chevaux au pas & pour pouvoir arrêter au commandement *halte*. C'eft encore à quoi il faut avoir la plus grande attention.

Enfin s'il y avoit des chevaux qui s'emportaffent, il faudroit examiner fi cela provient de la manière dont ils font embouchés, ou fi c'eft la faute du Cavalier, afin d'y remédier.

ARTICLE 9.

Des Flanqueurs & du Ralliement.

Des Flanqueurs.

Lorfque l'on aura exercé les Cavaliers à tous les mouvemens qui viennent d'être indiqués, on fera fortir la troupe de réferve en même temps que l'efcadron, afin de l'habituer à en fuivre tous les mouvemens.

Quand l'efcadron marchera en bataille, elle fe tiendra à *trente pas* en arrière de l'aile droite.

Quand l'efcadron fera en colonne, elle marchera à *trente pas* du premier peloton, fur le flanc oppofé au côté des guides.

Si les difficultés du terrain obligent la troupe de réferve à fe rapprocher de l'efcadron, & qu'elle foit forcée d'entrer dans la colonne, elle fe placera en avant du premier peloton fi la droite eft en tête, & derrière ce même peloton, fi la gauche eft en tête, toujours de manière à ne pas ralentir la marche de la colonne.

Dans ce cas, le ferre-file de la fubdivifion qui précédera la troupe de réserve, le Commandant & les serre-files de cette même troupe, se placeront sur le flanc de la subdivision du côté opposé aux guides.

Porter la troupe de réserve en avant de l'Escadron.

On exercera ensuite la troupe de réserve à se disperser en *tirailleurs*, pour couvrir le front ou les flancs de l'escadron.

L'escadron étant en bataille, on commandera :

Flanqueurs = *en AVANT.*

> À ce commandement, la troupe de réserve se rompra *par deux par la droite*, au trot ou au galop, pour passer par l'intervalle de la droite de l'escadron dont elle fait partie.

Aussitôt que les Cavaliers de ces quatre premières files dépasseront l'alignement de l'escadron, ils se disperseront en *tirailleurs*.

Ils s'étendront de manière à couvrir la totalité du front de l'escadron ; le premier Cavalier de droite du premier rang se portera à *soixante pas* en avant & vis-à-vis de la droite de l'escadron ; le Cavalier de droite du second rang qui suivoit immédiatement le premier, se portera à sa gauche & sur le même alignement, ainsi de suite :

Ces tirailleurs dispersés prendront le pistolet gauche.

Le reste de la troupe de réserve se formera sur deux rangs, à *trente pas* en avant de l'intervalle de droite de l'escadron, & mettra le sabre à la main.

Lorsque l'escadron se portera en avant, cette troupe marchera droit devant elle : les tirailleurs feront le même mouvement ; & quand on ordonnera de commencer à tirer, ils feront feu les uns après les autres, commençant par celui qui est à droite.

Cette troupe, ainsi que les tirailleurs qui en seront détachés, suivront tous les mouvemens de l'escadron ; s'il tourne à droite, les tirailleurs feront, *par Cavalier à droite*

pour

(85)

pour venir se placer devant le front, & la petite troupe
suivra le mouvement en faisant un à-droite : si l'escadron
tourne à-gauche, les tirailleurs feront *par Cavalier à
gauche* pour se placer également devant le front, & la
petite troupe fera un à-gauche : enfin si l'escadron marche
en arrière, la petite troupe fera son mouvement rétrograde
pour le suivre, & les tirailleurs exécuteront leur retraite
en échiquier, ainsi qu'il suit :

Tous les tirailleurs qui étoient du premier rang feront
demi-tour à gauche par Cavalier & marcheront en arrière
pendant *cinquante pas*, ils feront ensuite *demi-tour à droite
par Cavalier*, pour se remettre : tous les tirailleurs qui
étoient du second rang, feront alors leur *demi-tour à gauche
par Cavalier*, pour venir se placer à *cinquante pas* en arrière
de ceux qui seront déjà formés, ainsi de suite tant que
l'escadron marchera en arrière.

Lorsque l'escadron se remettra, la troupe & les tirailleurs s'arrêteront & feront le même mouvement.

Lorsque l'escadron marchera en avant, les tirailleurs
se reformeront sur un rang, & marcheront aussi *en avant*.

Si l'on a ordonné aux tirailleurs de faire feu, ceux
qui seront dans le second rang ne tireront point.

Lorsqu'on voudra faire rentrer les tirailleurs à la troupe
de réserve, on fera sonner deux appels avec un petit
intervalle entre les deux : au premier appel, les tirailleurs
arrêteront s'ils sont en mouvement, & cesseront de faire
feu : au second appel, ils rentreront à la troupe dont ils
font partie.

Si l'on veut ensuite faire repasser cette troupe derrière
l'escadron, on fera sonner un troisième appel, & alors elle
rompra *par deux* au trot ou au galop, pour passer par
l'intervalle qui est à la droite de son escadron, & venir
se reformer à sa place habituelle.

Si le Commandant de la troupe de réserve veut faire
retirer ses tirailleurs sans signal de trompette, pour les
remplacer par d'autres, il leur en fera donner l'ordre.

Y

Si l'on jugeoit à propos de faire rentrer les troupes de réserve & les tirailleurs en même temps, on feroit sonner *le ralliement ;* alors chaque Cavalier viendroit par le chemin le plus court, se reformer derrière l'intervalle de droite de son escadron.

Observations.

Dans toutes les circonstances, les tirailleurs rentreront & sortiront au trot alongé ou au galop ; ils ne mettront jamais le pistolet à la main que quand ils seront dispersés.

Les tirailleurs ne tireront jamais qu'ils ne se trouvent à la portée suffisante de l'ennemi, ou que cela ne soit ordonné.

Ils ne se retireront que par *demi-tour à gauche ,* & ne se remettront que par *demi-tour à droite.*

Lorsqu'ils se reformeront en peloton, ils remettront les pistolets dans les fontes, & mettront le sabre à la main.

Porter le quatrième Peloton en avant pour soutenir les Tirailleurs.

On fera quelquefois disperser la totalité de la troupe de réserve en tirailleurs, & porter le quatrième peloton en avant pour la soutenir ; on commandera alors :

Quatrième Peloton = en AVANT.

A ce commandement, le Commandant du quatrième peloton se portera en avant avec son peloton, au trot alongé ou au galop pour soutenir les tirailleurs.

Lorsqu'on voudra faire rentrer le quatrième peloton, on fera sonner *le ralliement ;* le Lieutenant qui le commande lui fera reprendre sa place de bataille, & les tirailleurs du peloton de réserve viendront chacun par le chemin le plus court, se reformer à leur place habituelle.

Disperser le quatrième Peloton en Tirailleurs à la pourfuite de l'Ennemi.

On exercera auſſi le quatrième peloton de l'eſcadron à ſortir rapidement & à ſe diſperſer en tirailleurs, comme il le feroit après une charge pour pourſuivre l'ennemi, dans le cas où l'on auroit diſpoſé d'une autre manière des Cavaliers de la troupe de réſerve ; on commandera pour cela :

Quatrième Peloton == en TIRAILLEURS.

A ce commandement, quatre files de la droite du quatrième peloton ſe diſperſeront devant le front de l'eſcadron, comme il a été expliqué pour les tirailleurs de la troupe de réſerve, mais ils commenceront à faire feu ſur le champ, ce mouvement étant ſenſé s'exécuter près de l'ennemi & pour le pourſuivre.

Les huit files de gauche de ce peloton aux ordres du Lieutenant reſteront enſemble & ſuivront les tirailleurs, afin de pouvoir les ſoutenir & les rallier au beſoin.

Lorſqu'on voudra faire rentrer le quatrième peloton, on fera ſonner *le ralliement*, & les Cavaliers de ce peloton viendront reprendre leurs rangs & leurs files par le chemin le plus court.

Du Ralliement.

L'eſcadron étant réuni, on exercera les Cavaliers à ſe diſperſer en *fourrageurs*, & à ſe rallier par les commandemens & d'après les mêmes principes qui ont été détaillés dans *la ſixième & la ſeptième leçon de l'article 2 du Titre II.*

On fera quelquefois, pendant la durée de la diſperſion, paſſer les Cavaliers du trot au galop, & du galop au trot ; & pour cette eſpèce de ralliement, on fera marquer par quatre Officiers un carré long d'une étendue proportionnée au front de l'eſcadron, avec ordre aux

Cavaliers de ne pas en sortir. On pourra alors, au lieu du commandement *en fourrageurs*, faire sonner le *boutte-charge*, & au lieu du commandement *ralliement*, faire sonner le *ralliement*; enfin pour exercer les Cavaliers à se rallier avec facilité, en cas qu'ils aient été repoussés, l'escadron marchant en bataille au pas & au trot, l'on fera sonner le *boutte-charge*. A ce signal, tous les Cavaliers se disperseront en *fourrageurs*. Le Commandant d'escadron, les Serre-files, l'Étendard & les Trompettes se porteront alors avec célérité en arrière jusqu'à l'extrémité du terrain. Le Chef d'escadron fera sonner le *ralliement*. A ce signal, les Cavaliers rejoindront promptement leur escadron & reprendront leur rang. Le *ralliement* doit se faire en silence & les Cavaliers passant par derrière les rangs.

Aussitôt que le Chef d'escadron aura réuni quelques Cavaliers, il portera son escadron *en avant*.

La première fois on fera exécuter ce mouvement au pas.

Ensuite on fera rallier au trot, l'escadron marchant au pas en avant.

Enfin, lorsqu'on sera assuré que les Cavaliers savent parfaitement ce qu'ils ont à exécuter pour se rallier sans désordre, on fera marcher l'escadron au galop après l'avoir rallié, & on le fera *charger*.

École pour la charge individuelle, extraite de l'École du Cavalier, pour être annexée provisoirement au Titre III de l'École de l'Escadron, jusqu'à ce que cette École du Cavalier soit adressée aux Corps.

Lorsqu'on voudra instruire les Cavaliers à la charge individuelle, on réunira un peloton que l'on conduira à l'extrémité d'un terrain qui présente une carrière suffisante

fante & fans obftacles , & on fera mettre le fabre à la main , fi les Cavaliers ne l'avoient pas précédemment.

Les Officiers & bas Officiers inftructeurs fe trouveront à cette leçon , au moins au nombre de trois , indépendamment de ceux attachés au peloton.

Un de ces Inftructeurs fera placé à *cinquante pas* en avant de la droite du peloton ; un fecond à *cent cinquante pas* plus loin dans la même direction ; un troifiéme à *quatre-vingts pas* du fecond , & le Commandant du peloton fe portera de fa perfonne à *foixante pas de ce dernier* , faifant face à la troupe. Il placera un Trompette vis-à-vis le Brigadier de la droite du premier peloton. On fera partir d'abord la file de droite & de gauche du peloton pour aller en former l'encadrement. On recommandera à celle de la droite qui fe trouve vis-à-vis du Trompette , de prendre un point intermédiaire , afin de marcher droit fur lui , & à celle de la gauche de bien conferver l'intervalle du front de la troupe & la même allure que la file de la droite. Elles fe mettront en mouvement au pas , & lorfqu'elles feront prêtes d'arriver à la hauteur du premier Officier , il commandera , *au trot* , *MARCHE* ; le fecond , quand ces deux files arriveront à fa hauteur , commandera , *au galop* , *MARCHE* ; le troifiéme commandera , *CHARGEZ*. A ce commandement , les deux files alongeront leurs chevaux de toute leur vîteffe , & prendront la pofition du fabre indiquée pour le premier & le fecond rangs dans la *feptième leçon de l'article 2 du Titre II.*

Lorfque ces deux files arriveront à *douze* ou *quinze pas* du Trompette , le Commandant de peloton commandera :

Garde à vous.

1.

2.

HALTE

A l'avertissement *garde à vous*, les Cavaliers commenceront à ralentir leurs chevaux de manière à pouvoir passer au pas au premier commandement; ils s'arrêteront au second : alors le Commandant du peloton commandera, *à droite* = *ALIGNEMENT*, & les Cavaliers s'aligneront de manière que la tête de leurs chevaux joigne le Trompette.

Chaque file de peloton exécutera ensuite le même mouvement.

> *Nota.* L'ancien pied-à-terre sera substitué à celui fixé par l'Instruction provisoire de 1788, & la planche de formation sera incessamment adressée aux Régimens.

Signé LE C.te DE PUYSEGUR.

LE C.te DE SCHOMBERG.

A PARIS, DE L'IMPRIMERIE ROYALE. 1789.